Julie von Bismarck

Reitsport
Auf dem Rücken des Pferdes

Impressum

Julie von Bismarck
„Reitsport – Auf dem Rücken des Pferdes“
ISBN: 9783982041438

9. Auflage, Paperback
Erscheinungsdatum 2022
Herstellung: Books on Demand
In de Tarpen 42
22848 Norderstedt
Verlag von Bismarck
Julie von Bismarck
Herrenholz 18
23556 Lübeck
Abbildungen privat, Fotos: privat und istock photo

Printed in Germany

Ich danke meiner Großmutter, welche mir ihre Liebe zu Pferden vererbte und mir ein Vorbild war für Disziplin, Respekt und Fairness im Umgang mit dem Pferd. Und ich danke all den Pferden meines Lebens, die mich so vieles gelehrt haben.

Einleitung

Wahrscheinlich beeinflusst und prägt die Art und Weise der ersten Begegnungen mit Pferden und dem Reitsport die eigene Einstellung: Die ersten Vorbilder und Lehrer, die ersten guten oder nicht so guten Erfahrungen, die man mit Pferden macht. In meinem Fall erfolgte diese Prägung durch die Pferde meiner Großeltern und in einem ganz besonderen Maße durch meine Großmutter selbst.

Die Art und Weise, wie in unserer Familie mit den Pferden umgegangen und über sie gesprochen wurde, erweckte in mir immer das Gefühl, unsere Pferde seien etwas sehr Besonderes. Sie wurden mit großem Respekt und großer Sorgfalt behandelt und sie reiten zu dürfen, war eine Ehre und ein Privileg, zumindest kam es mir als Kind so vor. Die Reiterei war jeden Tag wieder ein Ereignis und wenn ich zu den Glücklichen zählte, die auf den blank geputzten Pferden vom Hof reiten durfte, erfüllte mich das mit Stolz.

Das Wohl der Pferde kam buchstäblich an erster Stelle: Vor dem Frühstück mussten stets und ohne Ausnahme zuerst die Pferde gefüttert und auf die Weide gebracht werden, wo sie bei jedem Wetter von morgens bis abends den Tag verbrachten. Heu und Stroh machten wir selbst, und zwar nur unserer Pferde wegen. Hätte es keine Pferde gegeben, hätte man sich diese Arbeit erspart. Eine ganze Menge Arbeit, aber es waren jedes Jahr ereignisreiche Tage: Alle halfen mit und selbst mein Großvater, der sonst eher an seinem Schreibtisch zu finden war, fuhr mit dem Trecker und dem Heuwender auf die Wiese oder den Acker. Wir pressten Heu und Stroh in kleinen Ballen, die zu einem großen Fuder auf dem Anhänger gestapelt wurden und wenn ich dann ein ganzes Fuder gestapelt hatte und in schwindelerregender Höhe auf selbigem zurückfuhr, war ich sehr zufrieden: Ich hatte das Gefühl, unseren Pferden mit dieser Arbeit etwas zurückzugeben, für all die Freude, die sie uns das Jahr über schenkten.

Die Boxen wurden mit Roggenstroh eingestreut und jeden Morgen, sobald die Pferde auf der Koppel waren, nach sehr strengen Regeln gemistet.

Gefüttert wurde ein aufgeschüttelter, lockerer Haufen Heu und es gab Hafer, wobei die Futterration stets dem Arbeitspensum und dem Stoffwechsel des jeweiligen Pferdes angepasst wurde.

Es wurde darauf geachtet, welches Pferd am besten in welcher Box aufgehoben war, zum einen, weil sich einige Pferde einfach nicht gut vertrugen, zum anderen, weil manche Pferde beispielsweise in einer Box am Eingang sehr nervös waren, weiter hinten im Stall jedoch ruhig und zufrieden.

Alle Pferde galten als Remonten bis sie sieben Jahre alt waren. In dieser Zeit wurden sie nur mit dem Einmaleins des Umgangs und mit der Basisarbeit vertraut gemacht.

Jedes Pferd wurde über viele Jahre nach der Skala der Ausbildung und den Regeln der alten Reitlehre aufgebaut und gekräftigt und niemand wäre auf die Idee gekommen, an ein Pferd zwischen drei und sechs Jahren irgendeine höhere Anforderung zu stellen.

Im Gegenteil: die jungen Pferde wurden nur in Begleitung erfahrener Führpferde mit neuen Herausforderungen bekannt gemacht und stets mit Ruhe und Geduld behandelt. Erwünschtes Verhalten wurde gelobt, unerwünschtes Verhalten ignoriert.

Reelles vorwärts-abwärts-reiten war auf allen Pferden zu Beginn und am Ende einer jeden Arbeit Pflicht, genauso wie das Kühlen der Pferdebeine nach dem Reiten mit einem Wasserschlauch.

Bis wir eine entsprechende Körpergröße erreicht hatten, mussten wir Kinder mit einer Filz-Schabracke und einem Gurt vorliebnehmen, denn niemand wäre auf die Idee gekommen, einen separaten Kindersattel zu kaufen.

Wir Kinder mussten also ohne Sattel dieselben Ausritte mitmachen, die die Erwachsenen mit Sattel absolvierten.

Bei langen Trabstrecken konnte das schon bisweilen gehörige Seitenstiche hervorrufen und ich persönlich war immer sehr erleichtert, wenn endlich galoppiert wurde.

Das war ein Grund, warum ich nicht so furchtbar gerne mit ausritt, wenn mein Großvater auch von der Partie war:

der hatte nämlich ganz offenbar eine Abneigung gegen das Galoppieren und trabte stattdessen stundenlang.

Diese langen Ausritte ohne Sattel waren also nicht immer angenehm, hatten allerdings einen entscheidenden Vorteil: Wir Kinder lernten rasch, sicher und von der Hand unabhängig zu sitzen, mit der Bewegung mitzugehen und: oben zu bleiben.

Da wir nur ein einziges Pony hatten, aber viele Cousinen waren (die Cousins waren nicht so erpicht darauf, zu reiten ...), ritten wir von Anfang an auch die Großpferde.
Jeder, der reiten wollte, musste selbstverständlich auch selber putzen, satteln und trensen und eine Hannoveranerstute meiner Großmutter machte sich einen Spaß daraus, jedes Mal, wenn eines von uns Kindern sie auftrensen wollte, den Kopf wie eine Giraffe so hoch es ging in die Luft zu halten. Wenn wir dann unsere Großmutter um Hilfe baten, hieß es: „Wenn du das Pferd nicht selber auftrensen kannst, bist du wohl noch zu klein, um es zu reiten."
Also holten wir uns Strohballen und Zuckerwürfel und schafften es dann nach etlichen Versuchen und gutem Zureden doch irgendwie, dem Pferd die Trense über die Ohren zu streifen.
Das Lustige an dieser Stute war: sobald man ungeduldig wurde, oder laut oder ungehalten, war es vorbei. Dann blieb der Kopf definitiv außer Reichweite und sie drehte sich weg. So lernten wir bereits als Kinder, ein Pferd ohne Zwang zu überzeugen, denn Gewalt hätte uns in dieser Situation nicht weitergeholfen.
Alle unsere Pferde waren robust, selbstbewusst und wehrhaft und somit die perfekten Lehrmeister, um uns zu vermitteln, dass Zwang und Druck im Umgang mit dem Pferd nichts weiter erzeugen als Gegendruck und Abwehr.
Der Reitunterricht war streng und fordernd. Reiten ohne Bügel, Springen ohne Bügel und Zügel, sowie Reiten ohne Sattel und Sitzübungen an der Longe waren Teil des ganz normalen Unterrichts. Genauso wie Geländeritte,

querfeldein, bergauf und bergab zu galoppieren und in Gruppen hinten, vorn oder in der Mitte zu reiten.
Wir ritten mit einer einfachen Trense, einem normalen Wassertrensengebiss oder, wenn Reiter und Pferd entsprechend weit ausgebildet waren, auch bisweilen auf Kandare.
Scharfe Gebisse, „Zungenstrecker“ oder Schlaufzügel gab es (bei uns) nicht.
Das einzige „Hilfsmittel“, was wir als Reiter hatten, war unser Können und jeder Fehler, der passierte, wurde immer und ausschließlich beim Reiter gesucht: Entweder hatte der Reiter falsch eingewirkt oder er hatte das Pferd nicht korrekt ausgebildet. Punkt.
Zeigte ein Reitschüler beim Reiten unfaires Verhalten dem Pferd gegenüber, das galt auch für die Reitschulen, in denen wir Unterricht nahmen, musste er sofort absteigen, das Pferd dem Trainer übergeben und durfte eine lange Zeit nicht mehr reiten, damit er lernte, sich zu beherrschen.
Jedem Reiter wurde ein Mindestmaß an Wissen über das Wesen des Pferdes vermittelt, über seine Bedürfnisse und seine Besonderheiten. Wir lernten aus unseren Fehlern und unseren Erfahrungen: So war mir selbst beispielsweise sehr früh klar, wie wenig die Masse und die Kraft eines Pferdes darüber aussagen, wie sensibel es tatsächlich ist oder wie einfach oder schwer es zu reiten ist. Ich persönlich bin noch nie so oft von irgendeinem Pferd gefallen, wie von unseren Shetlandponies! Dafür waren einige der schwersten und größten Pferde, die ich kennenlernte, die mit Abstand klügsten, vorsichtigsten und empfindlichsten.

Ebenso hatte ich schon sehr früh verstanden, dass ein Pferd, welches in den Flucht- oder Kampfmodus gerät, für sich selbst, seinen Reiter und alle in seiner Umgebung lebensgefährlich sein kann. Es war mir bald klar, wie wichtig das Vertrauen des Pferdes daher für jeden Reiter ist und wie wichtig es umgekehrt für das Pferd sein muss, seinem Reiter vertrauen zu können.

Manche Reiter ritten mitunter Turniere, weil sie sich mit anderen Pferd-Reiter Paaren in fairem Wettkampf messen wollten. Es ging dabei um die Freude an der Leistung von Reiter und Pferd, Ruhm, Ehre und Kameradschaft. Aber die Zahl der Menschen, die mit dem Reitsport ihren Lebensunterhalt bestritten, war eher gering.

Dieses, mein, Bild von Reitsport, Umgang mit dem Pferd und Pferdehaltung scheint heute leider eher die Ausnahme zu sein. In den meisten Ställen, in die ich in den letzten Jahren gekommen bin, stehen die Pferde circa achtzehn bis dreiundzwanzig Stunden am Tag in vergitterten Boxen.

Es wird keinerlei Aufmerksamkeit darauf verwendet, ob die Boxennachbarn sich verstehen oder die Pferde sich in den ihnen zugeteilten Boxen wohlfühlen. Dafür läuft in fast jedem Reitstall mindestens ein Radio, vielleicht herrscht der Glaube, man könne damit Weidegang und persönliche Zuwendung ersetzen, vielleicht läuft es auch nur für die Reiter und Pfleger. Pferde hören fast doppelt so gut wie Menschen und können ihre Ohren nicht verschließen, es ist also sehr wahrscheinlich nicht besonders angenehm für sie, den ganzen Tag einer solchen Geräuschkulisse ausgesetzt zu sein. Aber einmal ganz abgesehen davon: Was soll denn das? Es ist ein Pferdestall und jeder, der sich dort aufhält, sollte der Pferde wegen dort sein und nicht, um Radio zu hören. Mir ist es völlig unerklärlich, wie man ein Radio dem Geräusch zufrieden schnaubender, Heu fressender Pferde vorziehen kann.

Viele Pferde kommen tatsächlich gar nicht auf die Weide und die allermeisten nur für wenige Stunden am Tag. Für viele Reiter scheint ein Paddock oder eine Führmaschine ein adäquater Weide-Ersatz zu sein. Ich höre nicht selten Sätze wie: „Der war heute schon draußen, der war in der Führmaschine/auf dem Paddock."

Pferde werden ohne Begrüßung aus der Box gezogen und ohne ein Wort mit ihnen zu sprechen, „fertig gemacht".

Dabei werden die Nasenriemen der Reithalfter so fest wie irgend möglich angezogen, in der irrigen Annahme, das Pferd dadurch besser kontrollieren zu können.

Im Reitunterricht geht es häufig nicht mehr um Disziplin und das Erarbeiten der Fähigkeiten des Reiters, sondern um Lektionen. Reiten an der Longe, Sitzübungen, Reiten ohne Sattel oder gar nur mit Halfter und Strick findet eigentlich nicht statt. Relevantes Wissen über das Wesen und die Besonderheiten des Pferdes wird kaum noch vermittelt, dafür scheint mir die Zahl der Besserwisser, die sich ungefragt in die Belange der anderen Reiter einmischen und zu allem einen Kommentar abgeben zu müssen glauben, in den Reitställen enorm zugenommen zu haben.

Etliche Reiter reiten das ganze Jahr über in der Halle, häufig mit der erschreckenden Begründung, das Pferd sei draußen zu wild. Dabei besteht ihr Training in der Regel aus dem undurchdachten Reiten möglichst vieler Lektionen oder Sprünge, und zwar unabhängig davon, ob und auf welchem

Niveau an Turnieren teilgenommen wird: Viele Reiter, die gar nicht auf Turnieren reiten, wollen trotzdem als ambitioniert wahrgenommen werden, als jemand, „der reiten kann“ und für etliche unter ihnen definiert sich das offenbar darüber, dass „das Pferd am Zügel geht“, möglichst hoch springt oder möglichst hohe Dressur-Lektionen zeigt. So sehe ich nicht selten Menschen, die meiner Meinung nach eigentlich erst einmal ohne Sattel an die Longe gehören würden, auf schweißgebadeten Pferden mit angstverdrehten Augen im Hasengalopp einen „fliegenden Wechsel“ nach dem anderen reiten. Pferde werden mit Schlaufzügeln, scharfen Gebissen und den schmerzhaftesten Maßnahmen unterworfen und zu Leistungen gezwungen, im heimischen Reitstall genauso wie auf Turnieren. Da sich kaum noch jemand die Zeit nimmt, Pferde und Reiter gewissenhaft auszubilden und auf die anstehenden Aufgaben vorzubereiten, wird die mangelnde Ausbildung von Reiter und Pferd einfach über Sporen, Gerten, scharfe Gebisse und Zäumungen „kompensiert“. Reiter bestrafen ihre Pferde für Fehler, die sie selber verursacht haben, ziehen die Kandarenzügel bis zum Anschlag fest, während der Trensenzügel durchhängt und reiten Pferde in „Rollkur“. Niemand rügt sie dafür, nicht einmal auf Turnierplätzen wird ein solches Verhalten in der Regel geahndet.
Junge Pferde müssen schon drei und vierjährig an Turnieren teilnehmen und sich verhalten, als seien sie erwachsen. Etliche Pferde werden nicht als Freunde und Partner angesehen, sondern einfach ausgetauscht, sobald es schwierig wird oder sie kaputt geritten wurden.

Das Bild der Pferdehaltung und Reiterei hat sich definitiv verändert. Es ist daher wahrscheinlich, dass ein großer Teil der heutigen Reiter, einen ganz anderen ersten Eindruck vom Reitsport bekommen hat, als ich und somit eine ganz andere Prägung.

Ich befürchte, für die Pferde und den Ruf des Reitsports geht diese Prägung in eine unheilvolle Richtung.

In den zwanzig Jahren meiner internationalen Tätigkeit als Pferdeosteopathin und Akupunkteurin habe ich sehr viele Fragen beantwortet. Die Frage, die mir in Deutschland mit Abstand am häufigsten gestellt wurde, war: „Sagen Sie, Frau von Bismarck, täuscht das, oder sind die Pferde heute anfälliger und häufiger krank als früher?"

Die Antwort ist: nein, es täuscht nicht. Die Pferde von heute haben definitiv mehr stressbedingte Erkrankungen, Verschleiß und Blockaden als früher. Allerdings liegt das nicht an den Pferden, sondern an den Veränderungen, die der Reitsport in den letzten Jahren durchlaufen hat.

Galt Reiten zur Zeit meiner Kindheit und Jugend noch als eher elitärer Sport, der mit großem finanziellem und zeitlichem Aufwand verbunden war und daher nur von wenigen Menschen als Hobby betrieben wurde, bezeichneten sich nach Informationen auf den Seiten der Deutschen Reiterlichen Vereinigung* nur in Deutschland im Jahr 2019 2,3 Millionen Menschen über 14 Jahre als Reiter. Wenn man also die reitbegeisterten Mädchen unter 14 Jahren mitzählen würde, käme man wahrscheinlich leicht auf das Doppelte. Zahlen, die sich seit Jahren auf diesem Niveau bewegen. Naturgemäß stieg im Zuge dieses „Reit-Booms" auch die Zahl der Reitställe, Reitlehrer und

Pferdeverkäufer. Und so wuchs der vorher recht unbedeutende, weil kleine, Markt zu einem Wirtschaftszweig heran, der sich sehen lassen kann:

Laut Informationen der Deutschen Reiterlichen Vereinigung beträgt der Jahresumsatz in der deutschen Pferdewirtschaft circa 6,7 Milliarden Euro pro Jahr*, ein Betrag, der irgendwie erwirtschaftet werden muss. Züchter, Pferdehändler, Bereiter, Trainer, Pensionsstallbetreiber, Hersteller von Reitausrüstung, Sattler, sind alle Teil dieses Wirtschaftszweiges und die weitaus meisten von ihnen sind sehr wahrscheinlich nicht Teil der Pferdewirtschaft, weil sie Pferde so sehr lieben, sondern weil sie ihren Lebensunterhalt damit verdienen.

Und hier setzen die Veränderungen ein: Um den Reitsport möglichst jedem zugänglich zu machen und dabei die Profitabilität nicht aus den Augen zu verlieren, wurden die früher geltenden Regeln für Pferdehaltung und Ausbildung von Reiter und Pferd vereinfacht. Eine Maßnahme, die es viel mehr Menschen ermöglichte, Reiter zu sein, welche gleichzeitig jedoch zulasten des Wohlergehens der Pferde geht. Ich habe viele Ställe gesehen, in denen früher, sagen wir im Jahr 1990, zwölf Pferde untergebracht waren, in denen im Jahr 2017 dreißig bis vierzig Pferde stehen, ohne mehr Platz, mehr Weidefläche oder mehr Personal zur Verfügung zu haben. Es gibt Stallbetreiber, welche die fehlenden Weideflächen mit dem Kommentar erklären, Weidegang sei vollkommen überflüssig, die Pferde würden davon ohnehin nur zu fett und weniger leistungsbereit. Stattdessen sollten die Kunden ihre Pferde lieber in die neue Führanlage bringen lassen, gegen einen kleinen Aufpreis. In

etlichen Ställen wird das Ausmisten heute von ungelernten Hilfskräften und daher mangelhaft erledigt, weniger Einstreu verwendet und Heurationen gekürzt, um den Betrieb einigermaßen profitabel zu halten.
Im Reitunterricht scheint es heute in vielen Fällen fast nur noch darum zu gehen, den „Kunden" zufriedenzustellen. So werden auch Menschen, denen eigentlich jedes Talent fehlt oder die sogar Angst vor Pferden haben, jeden Tag oder jede Woche wieder unterrichtet, sogar ohne je einen echten Fortschritt zu erzielen, was im Zweifel Ehrlichkeit erfordern würde und in der Folge zum Verlust dieses Kunden führen könnte. Solche Reitschüler bekommen dann stattdessen einen Maßsattel mit dicken Pauschen, die das Bein in die richtige Position drücken und Schlaufzügel oder scharfe Gebisse in die Hand, damit sie das Pferd trotz mangelhafter Ausbildung und Fähigkeiten kontrollieren können.
Im Grunde kann heute jeder erfolgreich an Turnieren teilnehmen oder Pferde halten und Reiter sein, unabhängig davon, ob er selbst auch nur ansatzweise eine fundierte Ausbildung über Pferde und Reiten erhalten hat.
Er braucht nur das entsprechend „funktionierende" Pferd.
Der Turniersport ist für alle diejenigen, die ihr Geld mit dem Reit-/Pferdesport verdienen, ein außerordentlich wichtiger Wirtschaftsfaktor geworden. So werden Pferde jedes Wochenende auf Turniere gefahren und durch so viele Prüfungen wie möglich geritten und da nur der Gewinn einer Prüfung oder eine vordere Platzierung etwas einbringt, werden die Pferde auf die Schnelle „rund" gemacht, zum Beispiel durch die sogenannte „Rollkur", und „frisch" gemacht, indem sie mutwillig in eine erhebliche

künstliche Spannung versetzt werden. Diese Vorgehensweisen gucken sich etliche Reiter, auch ohne Turnierambitionen, ab und so setzt sich der unheilvolle Kreislauf fort: Jedes Bild von Wettkämpfen, auf deren Abreiteplätzen unter Hochspannung gesetzte Pferde in „Hyperflexion" geritten und „durchgestellt" werden, weiß nass geschwitzt aus Prüfungen kommen und diese dann möglicherweise auch noch gewinnen, ist ein falsches Bild zu viel. Jedes Bild von Reitern, die mit schärfsten Zäumungen, Zungenstreckern und Hilfszügeln durch den Parcours jagen, dabei vorn ziehen und hinten mit der Gerte hauen, ist ebenfalls ein falsches Bild zu viel. Und leider ist dies in den letzten Jahren nicht nur auf Turnieren zu beobachten, sondern in ganz erheblichem Ausmaß in den sozialen Medien. Solche Bilder spiegeln nichts von dem wider, was ich mit dem Reitsport verbinde und was Reiten für mich bedeutet. Aber derartige (Vor-) Bilder führen dazu, dass eine breite Mehrheit unter den Reitern so etwas als normal empfindet und es in der Folge ebenso handhabt.

Es ist eine unheilvolle Entwicklung, welche Bilder heutzutage als Abbild höchster Dressurkunst gelten: gestresste, angespannte Pferde, denen die Adern im Gesicht und auf der Nase gestaut sind, weil die Nasenriemen so fest verschnallt wurden, deren Nüstern weit aufgebläht sind, weil sie aus dem gleichen Grund nicht genug Sauerstoff atmen können, bei denen während der gesamten Prüfung die Kandaren auf Hochspannung anstehen, deren Vorderbeine bis über die Waagerechte hinaus in die Luft geworfen werden, deren Rücken sich aber nicht bewegen.

Es ist eine unheilvolle Entwicklung, welche Bilder heute im Gegenzug Erstaunen und Skepsis hervorrufen:
Zum Beispiel, wenn ein Reiter denselben Parcours mit Wassertrense und einem normalen englischen Reithalfter fehlerfrei überwindet, den die dreißig Starter vor ihm mit hauchdünnen Gebissen, Aufziehtrensen und Springkandaren plus zusätzlichem Hackamore und Zungenstrecker mit Ziehen und Stechen hinter sich gebracht haben.
Es kann doch einfach nicht richtig sein, dass es heute als vollkommen selbstverständlich gilt, zu derartigen „Hilfsmitteln" zu greifen, nur weil man nicht in der Lage ist, sein Pferd auf Wassertrense und mit normalem Reithalfter unfallfrei durch einen Parcours der jeweiligen Klasse zu reiten.
Wenn ein Parcours von 80 % der Teilnehmer mit extrem scharfen/schmerzhaften Zäumungen bestritten wird, sollte sich doch die Frage stellen, ob vielleicht das Springen zu schwer aufgebaut ist oder aber, ob die Reiter und Pferde nicht sorgfältig und gewissenhaft genug ausgebildet wurden und daher der Aufgabe schlicht nicht gewachsen sind.
Zusammenfassend kann man sagen: Ein Pferd auszubilden, dauert heute nur noch einige Monate statt Jahre. Das Pferd muss ja bereits drei- und vierjährig so viel wie möglich auf Turnieren starten, damit es „das Scheckheft voll hat", denn nur dann ist es auf dem Markt etwas wert.
Um Platzierungen zu gewährleisten, werden die Pferde von Anfang an unter Spannung „oben ran" geritten, damit die Bewegungen möglichst spektakulär aussehen.

Anstatt es mit Ruhe und durchdacht zu gymnastizieren und zu kräftigen, wird also eine falsche Spannung in das Pferd hineingeritten, um möglichst schnell möglichst viel aus ihm herauszuholen. Diese Pferde, denen die körperliche und mentale Stärke fehlt, um den an sie gestellten Anforderungen zu entsprechen, werden dauerhaft physisch und psychisch überfordert.

Dieses heutige vielerorts normale Vorgehen hat mit der Ausbildung und dem Training zur Gesunderhaltung des Pferdes, wie es von der Deutschen Reitlehre vorgegeben wird, nichts mehr zu tun. Es ist im Gegenteil eine reine Ausbeutung des Pferdes zum eigenen Vorteil. Dass diese Pferde erheblichen Schaden an Körper und Seele nehmen, sollte wirklich niemanden verwundern.

Die Veränderung des Zuchtzieles der Pferdezüchter macht die Sache für das Pferd auch nicht besser, denn der Schwerpunkt hat sich verschoben: weg von den robusten, aber nicht immer besonders hübschen Pferden mit den langen, geraden, unspektakulären Bewegungen, die wenig Verschleiß bei hoher Belastbarkeit bedeuteten, hin zu schön anzuschauenden, eleganten Tieren mit immer spektakuläreren Bewegungen sowie hoher Rittigkeit, sprich: einfacher Bedienbarkeit.

Selbstbewusstsein und Mut, was früher aufgrund der Kavalleriepferde in der Zucht essenziell wichtig gewesen war, wurde gegen Gehorsam und Gutmütigkeit / Duldungsfähigkeit eingetauscht.

Dafür gibt es heute immer mehr Bewegungsspielraum pro Bein. Je höher und weiter die Beine, vor allem im Trabe, gehoben werden, desto besser. Solch

„spektakuläre" Bewegungsabläufe bringen jedoch eine deutlich höhere Anfälligkeit für Verletzungen mit sich und erhöhen die Gefahr von frühzeitigem Verschleiß.

Je mehr Bewegung ein Pferd hat, desto durchdachter und sorgfältiger muss es aufgebaut, gekräftigt und gearbeitet werden, jedoch ist das Gegenteil heute der Fall:

Je „einfacher" ein Pferd ist, desto mehr muss es innerhalb kürzester Zeit leisten.

Ein dreijähriges Pferd sieht heute aus wie sechs, hat bereits den Bewegungsablauf und das Springvermögen eines Grand Prix Pferdes und versucht, seinem Reiter alles recht zu machen.

Das ist eine unheilvolle Kombination für das Pferd.

Die Pferde von heute mögen viel mehr Bewegung haben als früher und „einfacher" sein. Sie mögen als Fohlen bereits aussehen wie Leistungssportler, aber ihr Wachstum dauert immer noch bis in das siebte, manchmal achte Lebensjahr. Ein Alter, in dem so manches „Wunderpferd" heute schon wieder von der Bildfläche verschwunden ist.

Durch die Wandlung des Reitsports von einem Nischensport, der von seinen Anhängern vornehmlich aus Begeisterung für das Pferd oder vielleicht auch aus Prestigegründen betrieben wurde, hin zu einem Massensport, suchen etliche Menschen heute in diesem Markt ihr Auskommen.

Die Einsparungen oder Kompromisse, die zu diesem Zweck gemacht werden, gehen zulasten des Wohlergehens des Pferdes und der weitaus größte Teil dieses Geldes wird auf Kosten des Pferdes verdient.

Das Pferd mag heute weniger wehrhaft sein und sich mehr gefallen lassen als unsere Pferde früher, aber es ist in seinen Instinkten, seinem Wesen und seinem Organismus noch immer das gleiche Tier, das es früher war. Die Haltung des Pferdes zu vereinfachen und die Ausbildung von Reiter und Pferd zu verkürzen, ist daher ein Fehler.

Meine Antwort auf die oben gestellte Frage lautet:

Die Pferde von heute sind anfälliger und häufiger krank, weil sie nicht mehr artgerecht gehalten werden.

Weil sie viel zu früh viel zu viel leisten müssen.

Weil sie nicht mehr nach den alten Richtlinien, der durchdachten und aus Erfahrung gewachsenen Reitlehre schonend aufgebaut werden.

Weil Überforderung und falsche Belastung an der Tagesordnung sind.

Weil etliche Reiter nicht mehr umfassend und gründlich geschult werden und daher das nötige Können und Wissen fehlt, um ein Pferd so zu halten, zu trainieren und mit ihm umzugehen, dass es gesund bleibt und sich wohlfühlt.

Das Pferd ist trotz seiner Kraft und Größe ein außerordentlich sensibles Tier und es ist einfach, ihm unwissentlich Schaden zuzufügen. Ich hoffe, durch die Weitergabe meiner ganz persönlichen Erfahrungen in diesem Buch, möglichst viele Reiter zu einem Umdenken veranlassen zu können.

*www.pferd-aktuell.de/fn-service/zahlen--fakten/zahlen--fakten

Kapitel 1
Pferdehaltung
1.1 Weidegang

§2 Tierschutzgesetz*
1. Wer ein Tier hält, betreut oder zu betreuen hat, muss das Tier seiner Art und seinen Bedürfnissen entsprechend angemessen ernähren, pflegen und verhaltensgerecht unterbringen,
2. darf die Möglichkeit des Tieres zu artgemäßer Bewegung nicht so einschränken, dass ihm Schmerzen oder vermeidbare Leiden oder Schäden zugefügt werden,
3. muss über die für eine angemessene Ernährung, Pflege und verhaltensgerechte Unterbringung des Tieres erforderlichen Kenntnisse und Fähigkeiten verfügen.
Das möchte ich gerne so stehen lassen. Es stellt sich die Frage, wie es sein kann, dass in Deutschland in etlichen Reitställen ganz offensichtlich gegen dieses Gesetz verstoßen wird, ohne Konsequenzen für die entsprechenden Ställe nach sich zu ziehen und die Erklärung ist simpel: Während es für Rinder oder Schweine detaillierte Verordnungen gibt, die die Haltungsbedingungen der Tiere regeln, wurde beim Pferd auf solche besonders strengen Vorschriften verzichtet und die für die Pferdehaltung bestehenden, können sehr unterschiedlich interpretiert werden.

*Bundesministerium der Justiz und für Verbraucherschutz, §2Tierschutzgesetz

Die gesetzlichen Vorgaben werden also von einer großen Anzahl von Ställen in einer Weise ausgelegt, die es ermöglicht, die Pferdehaltung zu vereinfachen und somit Kosten zu sparen. Nun ist das Pferd als Lauftier jedoch in ganz besonderem Maße auf freie Bewegung angewiesen und um ein Pferd so zu halten, dass es gesund bleibt und sein ganzes Potenzial entfalten kann, braucht man sehr viel Platz und es macht sehr viel Arbeit.

Wie erwähnt hatten wir, und alle anderen Pferdehalter, die ich kannte, früher entsprechend große Flächen mit Weideland, auf denen die Pferde ihre Tage verbrachten. Heute spielen Weideflächen offenbar keine große Rolle mehr in der Pferdehaltung, in etlichen Ställen, die mit vierzig Pferden belegt sind, stehen nur Weideflächen für maximal fünfzehn Pferde zur Verfügung. Oder gar keine. In der Folge kommen die allermeisten Pferde nur stundenweise oder gar nicht auf die Weide.

Dazu nur so viel: wenn man Weideflächen für maximal fünfzehn Pferde zur Verfügung hat, dann kann man eben nicht mehr als fünfzehn Pferde bei sich einstellen.

Es gibt sogar Reiter und Pferdebesitzer, die bewusst gegen das Tierschutzgesetz verstoßen, indem sie ihre Pferde trotz vorhandener Möglichkeiten nicht auf die Weide lassen, mit der Begründung, das Pferd würde sich verletzen oder würde zu fett und sei dann nicht leistungsbereit.

Diese Art der Boxenhaltung ohne ganztägigen Weidegang ist einer der Hauptgründe, weshalb heutzutage so viele Pferde krank, anfällig und verhaltensauffällig sind.

„Wer ein Tier hält, betreut oder zu betreuen hat ... darf die Möglichkeit des Tieres zu artgemäßer Bewegung nicht so einschränken, dass ihm Schmerzen oder vermeidbare Leiden oder Schäden zugefügt werden".

Um die „artgemäße Bewegung" hier genauer zu definieren, stellen wir uns doch einmal ein Pferd in freier Wildbahn vor, denn auf dieses Leben sind alle seine Instinkte, sein Wesen, sein Organismus und sein Bewegungsapparat bis heute ausgerichtet: Das Pferd wandert mit seiner Herde in gemächlichem Tempo mit gesenktem Kopf von einem Büschel Gras zum nächsten und stellt dabei abwechselnd jeweils ein Vorderbein vor. Auf vierundzwanzig Stunden verteilt frisst es etwa sechzehn Stunden lang und bewegt sich während des Fressens stetig vorwärts.

Auf diese Weise legt es zwischen fünfzehn und vierzig Kilometer am Tag zurück.

Wenn es den Kopf senkt, um zu fressen, gleitet der Unterkiefer nach vorn und stellt die Schneidezähne übereinander, um das Gras abrupfen zu können. Mit dieser Bewegung wird gleichzeitig Platz im Kiefergelenk geschaffen für die zur Zerkleinerung des Futters nötige Mahlbewegung.

Die Zunge schiebt das Futter im Maul beständig hin und her und das Zungenbein bewegt sich locker.

Das Nackenband wölbt durch den Zug nach vorne - unten die Wirbelbrücke auf und entlastet so den Rücken.

Durch dieses Anheben des Rückens wird zudem der Verdauungstrakt mit nach oben bewegt und bekommt auf diese Weise mehr Platz, was bei einer Darmlänge von etwa dreißig Metern durchaus nicht unbedeutend ist.

Die permanente Bewegung des Pferdes sorgt für eine optimale Blutzirkulation, alle Organe und Muskeln werden bestens versorgt und durchblutet, die Atemwege sind frei und weder durch Ammoniak noch durch Staub belastet.
Um lästige Insekten zu vertreiben, schlägt das Pferd mit dem Schweif locker nach rechts und links, zuckt an betroffenen Stellen mit der Haut und schlägt ab und an mit dem Kopf zu beiden Seiten. Es kratzt sich zwischendurch mit dem Hinterhuf am Ohr und wälzt sich ausgiebig im Sand oder im Schlamm. Vielleicht verweilt es an einem Baum und reckt sich soweit es kann, um an die kleinen grünen Zweige zu kommen. Es gräbt im Boden nach Salz oder sucht eine Wasserstelle und trinkt, bis zu sechzig Liter am Tag und am liebsten aus einer frei überschaubaren Wasserfläche.
In der Zeit, in der es nicht mit Nahrungs- und Wasseraufnahme beschäftigt ist, pflegt es seine Sozialkontakte in der Herde und spielt. Auch erwachsene Pferde spielen sehr gerne und viel, und zwar meistens Fangen und eine Art Kampfspiel, was durchaus Sinn macht, wenn man weiß, dass der Flucht- und Kampfinstinkt der wichtigste des Pferdes ist.
Es krault sich mit anderen Pferden das Fell, hält Wache, döst oder schläft, die meiste Zeit im Stehen.
Bei trockenem, sonnigem Wetter legen sich, bis auf einen Wachposten, alle zusammen in die Sonne und dann auch sehr gerne flach ausgestreckt auf der Seite, da nur in dieser Position für das Pferd Tiefschlaf möglich ist.
In den kurzen Phasen dieses Tiefschlafes, der stets nur wenige Minuten dauert, schnarcht und „träumt“ das Pferd, wie es auch Hunde tun.

Auf vierundzwanzig Stunden verteilt schläft es ungefähr drei Stunden, und zwar in mehreren kurzen Abschnitten. Das ist ein wenig abhängig vom Wetter und auch von Pferd zu Pferd verschieden, Fohlen und junge Pferde schlafen generell deutlich mehr.
Zwischendurch muss das Pferd wahrscheinlich auch einmal fliehen oder kämpfen, was bedeutet, dass sich seine Herz- und Atemfrequenz kurzzeitig extrem erhöht und es seine ganze Kraft abruft und ausnutzt.
Es begegnet jeden Tag neuen Herausforderungen, läuft auf verschiedenen Böden, schwimmt durch Flüsse und hat hunderte unterschiedlicher Erlebnisse.
Betrachten wir im Vergleich dazu nun das Leben eines normalen Sportpferdes in Deutschland:
Es steht in einer 3x4 Meter „großen“ Box, die von Gitterstäben umgeben ist. Es wird überwiegend nicht darauf geachtet, ob das Pferd sich mit den Pferden neben ihm versteht, möglicherweise verbringt es also sein gesamtes Leben neben einem Pferd, das es permanent bedroht, in die Gitterstäbe beißt und an die Trennwand schlägt. Ein Umstand, durch den das Pferd in eine bedrohliche Situation und dauerhafte Anspannung versetzt wird. Die Pferde, die auf der Außenseite des Stalles stehen, haben „Glück“, sie haben Fenster, welche zumindest im Hochsommer offen sind, dann allerdings häufig auch nur tagsüber. Die kleinen Gitterfenster, die sich zur Stallgasse öffnen ließen, bleiben dauerhaft geschlossen.
Zur Begründung heißt es: „Der beißt mir die Tür von außen kaputt!“, „Der giftet aus der Box!“, „Wir binden hier zum

Fertigmachen an, dann schaut der immer raus und stört!" oder Ähnliches.
Morgens kommt der schlecht gelaunte Ausmister (natürlich hat er schlechte Laune, er tut nichts anderes, als Boxen auszumisten und wird im Zweifel miserabel bezahlt) und brüllt das Pferd an, es solle gefälligst Platz machen.
Wo soll es denn hin, auf zwölf Quadratmetern? Er droht ihm mit der Forke, schlägt ihm vielleicht gar mit dem Stiel an die Beine oder den Bauch. (In etlichen Ställen wird morgens „ausgemistet", während die Pferde in den Boxen stehen. Das ist schon wegen der Verletzungsgefahr eine schlechte Idee, darüber hinaus ist es jedoch schlicht nicht möglich, eine Box richtig zu misten, während ein Pferd darin steht.) Siehe Tipp „Boxen richtig misten".
Die einzigen Höhepunkte des Tages sind die Fütterungen mit Heu und Kraftfutter. Wenn der Futterwagen kommt, wird das von ohrenbetäubendem Lärm begleitet. Das in die Metallkrippe auf Schulterhöhe gekippte Kraftfutter schmeckt dem Pferd so gut, dass es nicht abwarten kann, bis der Wagen bei ihm angekommen ist. Auch allen anderen Pferden geht es so. Sie beißen in die Gitterstäbe, schlagen mit voller Wucht mit den Hinterhufen an die Boxenwände, steigen und drehen sich wie wild in ihren Boxen. Schrille Schreie, Knallen von Pferdehufen an Wänden, wetzende Zähne an Gitterstäben, wenn man die Augen schließt, klingt es wie in einem richtigen Gefängnis.
Nach dem Fressen des Kraftfutters hat das Pferd ein kurzes Gefühl der Befriedigung, welches allerdings bald in extreme innere Anspannung umschlägt und es hibbelig werden lässt.

Es hat das Bedürfnis, zu rennen und sich auszutoben, leider bekommt es dazu jedoch keine Gelegenheit.
Es wird stattdessen in eine Führmaschine gebracht, wo es zwischen zwei Gittern eingekeilt im Kreis laufen muss.
In vielen Fällen sind die Gitter zusätzlich mit Strom versehen. Alle paar Minuten findet ein Richtungswechsel statt, bei dem das Pferd innerhalb der circa zwei Meter breiten Gasse zwischen den Gittern umdrehen muss.
Dieses tut es so schnell wie möglich und daher auf einem Hinterbein, aus Angst eines der Gitter zu berühren.
Durch diese wiederholten sehr engen Drehungen fügt es sich langfristig mit hoher Wahrscheinlichkeit Schäden an den Sehnen und Bändern der Hintergliedmaßen und an den Hüftgelenken und Beckenbändern zu.
An manchen Tagen kommt das Pferd statt in die Führmaschine auf ein winziges Paddock, wo es sich zumindest einmal wälzen kann, aber sich tatsächlich einmal auszutoben ist immer noch nicht möglich. Vom Paddock oder aus der Führmaschine wird das Pferd zurück in die Box gebracht, wo es nichts anderes tun kann, als in seinem Stroh nach ein paar Halmen zu suchen, welche noch nicht uringetränkt oder zugemistet sind. Sollte es auf Spänen stehen, kann es nicht einmal das.
Dann kommt irgendwann wieder das Heu und dann wieder der Futterwagen. Wieder der ohrenbetäubende Lärm, Schreie, an Boxenwände treten, Zähne an Gittern. Wieder das Gefühl der überschüssigen Energie nach dem Fressen. Eventuell hat das Pferd dieses Mal die Möglichkeit etwas davon beim Reiten abzubauen, weil es nachmittags geritten wird. Beim Putzen scharrt das Pferd schon mit den Hufen,

trippelt hin und her und sucht nach Wegen, Energie loszuwerden. Weil es nicht stillsteht, wird der/die Reiter/in ungeduldig, er/sie schreit es an und haut ihm ins Gesicht, woraufhin das Pferd erschrocken den Kopf hochreißt und sich ins Halfter hängt.

Das Pferd möchte eigentlich alles richtig machen, aber das Stillstehen ist ihm nach dreiundzwanzig Stunden in der Box und zwei Kraftfutter Mahlzeiten wegen des übergroßen Bewegungsdrangs einfach nicht mehr möglich.

Während des Reitens versucht das Pferd immer noch, möglichst viel Energie loszuwerden.

Da der Reiter aber, wie jeden Tag, nur geordnet in langsamem Tempo in der Bahn herumreiten möchte, beginnt es zu scheuen, zur Seite zu springen, sich kurzum Sachen zu suchen, mit denen es Energie abbauen kann.

Auch dafür wird es bestraft, der Reiter nimmt in der Konsequenz die Zügel noch kürzer, baut noch mehr Druck auf, die innere und äußere Anspannung des Pferdes wird immer größer. Nach dem Reiten ist das Pferd möglicherweise nass geschwitzt, seine Anspannung und Energie ist es jedoch nicht losgeworden.

Abends gibt es das dritte Mal Futter, danach muss es die Nacht in der inzwischen wieder völlig vollgemisteten Box verbringen. Wenn es sich zum Schlafen hinlegen will, liegt es in der nassen Einstreu.

Morgens geht derselbe Tag von vorne los. Tag, für Tag, für Tag. Derselbe Ablauf, dasselbe Futter, dieselben Erlebnisse, dieselbe furchtbare Langeweile, die ständige psychische und körperliche Anspannung, die sich nicht abbauen lässt.

Das Pferd beginnt nun, auch außerhalb der Fütterungszeiten gegen die Boxenwände zu treten und in die Gitter zu beißen. Es bekommt möglicherweise zusätzlich zu den ohnehin ständig angelaufenen Beinen Piephacken, die wiederholten Traumata führen in seinen Kreuzdarmbeingelenken zu Blockaden und chronischen Entzündungen und in den Sprunggelenken zur Entstehung von Spat. Dem Pferd tun die Hufe und die Beine weh, aber es hat einfach keine andere Möglichkeit, seine Anspannung und überschüssige Energie abzubauen. Seine Zähne wetzen ab, seine Kiefergelenke, das Zungenbein und die Schultern blockieren sich.
Das Eingesperrtsein, die mangelnde Bewegungsfreiheit, und das dauerhaft erhöhte Stresslevel führen zu schlechterer Durchblutung, sowohl in den Gliedmaßen als auch in den Organen. Da es entgegen der eigentlichen Veranlagung (sich mit nach vorne-unten gesenktem Kopf grasend vorwärtszubewegen) den größten Teil des Tages mit erhobenem Kopf in der Box steht, wird die Wirbelbrücke nicht angehoben, dadurch kein Platz im Bauchraum geschaffen und die Bewegung des Verdauungstraktes eingeschränkt, die Anfälligkeit für Erkrankungen des Verdauungstraktes und für Koliken steigt.
Diese unnatürliche Haltung in der Box, verbunden mit dem ständigen „giften" und in die Gitter beißen, ist es auch, was sehr bald zu einem verspannten Rücken, Rückenschmerzen, zu erheblicher Spannung in den Kiefer- und Kopfgelenken und in der Halswirbelsäule führt, was sich wiederum negativ auf den Magenmeridian und damit auf den Magen selbst auswirkt.

Der ständige Stress im Stall und unter dem Reiter, die Wirkung des Kraftfutters, das es zusätzlich noch mehr unter Strom setzt, die fehlende Möglichkeit, einfach einmal Spannung abbauen zu können und sich frei oder gar grasend auf einer großen Weide zu bewegen, zu rennen, zu bocken und artgerecht zu fressen, führen zur Entstehung von Magenerkrankungen. Das Pferd hat nun dauerhafte Schmerzen. Wenn es auf Spänen oder zugemistetem und uringetränktem Stroh steht, also nichts zu fressen findet, beginnt es in den Futterpausen zu koppen. Ein gefüllter Magen schmerzt weniger als ein leerer, also schluckt es Luft, was wiederum die Blockaden im Zungenbein und den Kiefergelenken verstärkt.

In der Folge fällt es dem Pferd zunehmend schwerer, sich beim Reiten zu stellen und biegen, auch die Anlehnung wird schlechter, woraufhin Osteopathen, Tierärzte, Physiotherapeuten oder Chiropraktiker gerufen werden. Diese können jedoch nur vorübergehende Abhilfe schaffen, denn an den Lebensbedingungen des Pferdes ändert sich nichts.

Es lebt weiter jeden Tag eingesperrt. Es hat weiter jeden Tag dieselbe monotone Langeweile. Es hat weiterhin keine Möglichkeit, einfach einmal Pferd zu sein und seinen Instinkten und Bedürfnissen nachzugehen …

„Wer ein Tier hält, betreut oder zu betreuen hat, muss das Tier seiner Art und seinen Bedürfnissen entsprechend angemessen ernähren, pflegen und verhaltensgerecht unterbringen ...“

Diese Art der Pferdehaltung ist absolut kein Sonderfall in Deutschland, sondern leider sehr viel eher die Regel.

Und damit wird ständig gegen deutsches Recht verstoßen.
Ein Pferd, das sein Leben in einer vergitterten 3x4 Meter Box verbringt, nur zum Reiten herausgeführt wird, in die Führmaschine kommt oder auf ein kleines Paddock, das nicht die Möglichkeit bekommt sich auszutoben, ein Pferd, das nicht auf großen Weiden seinen Tag verbringt und keine Sozialkontakte hat, wird nicht artgerecht gehalten. Punkt.
Natürlich sind unsere heutigen Pferde durch Zucht und Selektion keine Wildpferde mehr. Aber der Organismus und der Bewegungsapparat, das Sozialverhalten und die Instinkte sind immer noch die eines Wildpferdes und ein Pferd, das achtzehn bis vierundzwanzig Stunden am Tag in einer 3x4 Meter Box steht, kann physisch und psychisch auf gar keinen Fall gesund bleiben. Es mag, wenn es als Haustier gehalten wird, grundsätzlich eine höhere Lebenserwartung haben, als ein Wildpferd und die medizinische Versorgung, das regelmäßige Futter sowie die Abwesenheit eines Raubtieres, welches das Pferd angreift, tragen sicherlich dazu bei.
Wenn man jedoch bedenkt, wie viele Pferde schon im Alter zwischen sieben und zehn Jahren körperlich und mental kaputt sind, eventuell sogar aufgrund von stressbedingten Koliken oder Verschleißerkrankungen eingeschläfert werden, ist die Lebenserwartung vielleicht doch nicht mehr so viel besser.
Es ist ja schön, dass das Pferd nicht hungern und keine Angst vor Raubtieren haben muss, aber der Mensch hat das Raubtier in vielerlei Hinsicht ersetzt: Wenn er das Pferd nicht artgerecht hält und es zudem psychisch und physisch überfordert, geht das Pferd auch daran zugrunde, es dauert

nur länger. Der Mensch verursacht das Koppen und das Weben, die Koliken, den frühzeitigen Verschleiß und die Schmerzen.

Mit einer Haltungsform wie der heute gängigen, eben beschriebenen reinen Boxenhaltung ohne mindestens ganztägigen Weidegang wird das Pferd aktiv daran gehindert, seinen Körper und seine Sinne bestmöglich zu entwickeln, gesund zu erhalten und zu stärken. Verhaltensstörungen, Magengeschwüre und Koliken, Verschleißerkrankungen, Sehnenschäden und chronische Atemwegserkrankungen könnten in ihrer weitaus größten Zahl verhindert werden:

Und zwar durch eine annähernd artgerechte Haltung. Das heißt, mit mindestens sechs bis acht Stunden täglichem freiem Auslauf, sauberen und trockenen Boxen, fachgerechter Fütterung und durch schonendes, sorgfältig aufgebautes Training von Pferd und Reiter.

Der freie Auslauf auf Weiden erfüllt für das Pferd fast alle Bedürfnisse und ist somit bestens geeignet, um den Bewegungsapparat und die Organe des Pferdes gesund zu erhalten: Es kann in der dafür angeborenen Haltung fressen und sich währenddessen fortbewegen, wodurch Verspannungen gelöst und seine Kopfgelenke, der Hals, der Kau- und Schluckapparat sowie der Rücken entlastet werden.

Es kann sich austoben, so schnell es möchte, galoppieren, bocken, steigen und spielen, wodurch Stress und überschüssige Energie abgebaut und gleichzeitig die Kondition und die körperliche Verfassung des Pferdes verbessert werden und sich das Atemvolumen erhöht. Es atmet frische Luft ohne Ammoniak oder Staubpartikel, ein Zustand, der sich in keinem Stall erreichen lässt, unabhängig davon, wie gut er belüftet wird. Es kann sich ins Gras oder den Sand legen, sich wälzen, schlafen und dösen, was das Wohlbefinden des Pferdes steigert und es zufrieden und ausgeglichen werden lässt. Wenn es Kameraden hat, kann es sozialen Kontakten nachgehen und Fellpflege betreiben, Rituale, welche nachweislich Stress abbauen und Glückshormone freisetzen - was wiederum positive Auswirkungen auf das Immunsystem hat.

Alle mir bekannten Pferde, die ganztags auf der Weide stehen, haben eine ausgezeichnete Kondition, obwohl sie keineswegs alle jeden Tag geritten werden. Auch nach einigen Wochen ohne jedes Training ist es für diese Pferde ein Leichtes, einen zwei Stunden Ausritt mit mehreren Galoppstrecken über einige Kilometer oder ein anspruchsvolles Dressurtraining zu absolvieren und die Pferde haben auch keinen Muskelkater am nächsten Tag.

Es gibt mehrere Studien, die nachweisen, dass freie Bewegung auf der Weide von acht Stunden pro Tag ausreicht, um die maximale Sauerstoffkapazität eines trainierten Pferdes auch ohne intensives Training aufrechtzuerhalten.

Ich habe in meiner aktiven Zeit als Pferdeosteopathin und Akupunkteurin rund 40 000 Pferde als Patienten gesehen und etliche davon behandelt und kann eines mit Sicherheit sagen: Pferde, die den ganzen Tag auf eine große Weide gehen sind, deutlich robuster, gesünder und besser bemuskelt. Sie sind viel weniger anfällig für Blockierungen und Erkrankungen, als ihre Kameraden, die gar nicht oder nur stundenweise hinauskommen und zwar unabhängig davon, ob und in welchem Maße darüber hinaus trainiert wird.

Außerdem haben sie in der Regel keine „Unarten", sind ausgeglichen, leistungsbereit, freundlich und zugewandt.

Bei einem Pferd, welches jeden Tag auf die Weide geht, ist auch das Argument der Verletzungsgefahr zu vernachlässigen, denn Verletzungen ziehen sich meistens eben jene Pferde zu, die nicht jeden Tag auf die Weide gehen, sondern nur sporadisch, wenn das Wetter und der Stallbesitzer gerade mitspielen, „rausgestellt" werden.

Wenn die Pferde diese seltene Gelegenheit zur freien Bewegung dann nutzen, um wie verrückt zu bocken, zu rennen und durch die ungewohnten Bewegungen dann dabei stürzen oder sich anderweitig verletzen, sollte das eigentlich niemanden überraschen.

Eine weitere überflüssige Verletzungsquelle sind übrigens zu kleine Flächen, auf denen das Pferd nicht rennen kann, ohne ständig wieder stoppen zu müssen: Solche Stopps aus dem vollen Galopp sind eine häufige Ursache für vielfältige Verletzungen und Blockaden.

Auch die Zahl der stressbedingten Magenerkrankungen ist bei Pferden aus Weidehaltung meiner Erfahrung nach deutlich geringer. Bei all jenen, die trotz täglichen Weideganges unter Erkrankungen des Magens litten, standen zu viele Tiere auf einer für die Anzahl der Pferde zu kleinen Weidefläche. Es waren zudem überwiegend rangniedrige Tiere betroffen und sie alle wurden von anderen Mitgliedern der Gruppe gejagt.

Die gut gemeinte Bewegung der Aktiv- und Offenstallhaltung ist daher auch nur dann sinnvoll und im Sinne des Pferdes, wenn die Anzahl der Tiere im richtigen Verhältnis zu der verfügbaren Fläche steht und darauf geachtet wird, dass sich kein „Tyrann“ unter den Tieren befindet.

Ich kenne Fälle, bei denen ein einzelnes Pferd alle anderen Pferde in seiner Gruppe psychisch und physisch so terrorisiert hat, dass schließlich alle Pferde am Ende ihrer Kräfte und völlig ausgezehrt waren - bis auf den einen Störenfried, der fett und zufrieden alleine an der Heuraufe stand.

Es ist also wichtig, darauf zu achten, das Pferd durch diese gut gemeinte Haltungsform nicht versehentlich zusätzlichem Stress auszusetzen und ihm die Möglichkeit zu geben, in Ruhe fressen und schlafen zu können.

Alle meine Pferde stehen übrigens nach einem Tag auf der Weide abends am Tor und möchten in ihre Box, wo ihr Futter wartet und sie geschützt schlafen können.

Die Hauptsache ist: Jedes Pferd muss tagsüber freien Auslauf haben. Und zwar, wenn keine medizinischen Gründe dagegensprechen, auf einer Weide, das heißt auf magerem, möglichst faserreichem Gras.

Die alte Faustregel lautet: drei Pferde pro Hektar Weide, das sind also drei Pferde auf zehntausend Quadratmetern. Wenn man diese Flächen nicht zur Verfügung hat, sollte man die Zahl der eingestellten Pferde entsprechend reduzieren.

1.2 Boxen misten

Ein weiterer wichtiger und meiner Meinung nach stark unterschätzter Punkt in der Pferdehaltung ist das korrekte Misten der Pferdeboxen. Viele Stallbesitzer nehmen offenbar an, das Ausmisten sei die am wenigsten anspruchsvolle Tätigkeit in einem Pferdestall und lassen diese Aufgabe daher von ungelerntem Personal ausführen.
Dabei zählt das Wissen darum wie man eine Box korrekt mistet zu den wichtigsten Fähigkeiten in einem Reitstall:
Unter anderem könnten etliche Atemwegserkrankungen, Strahlfäulen und Mauken durch richtig gemistete Boxen vermieden werden.
Die Boxen sauber und trocken zu halten ist aber nicht nur zur Vermeidung von Erkrankungen so wichtig, es hat noch einen anderen Grund: Die meisten Pferde liegen nicht gerne in nasser Einstreu.
Während meiner Tätigkeit als Pferdeosteopathin wurde ich wiederholt angerufen, weil Pferdebesitzer beobachtet hatten, wie ihr Pferd auf dem Paddock oder der Weide auf einmal mit den Beinen zu zittern und zu wanken begann und dann „hinfiel" und liegenblieb. Sie hatten nun verständlicherweise Angst, ihr Pferd könne an Narkolepsie leiden und baten mich, nachdem der Tierarzt nichts hatte finden können, andere Erkrankungen oder bestimmte Blockaden als Ursache auszuschließen. In keinem dieser Fälle konnte ich eine gesundheitliche Einschränkung als Grund für das beobachtete Verhalten ausfindig machen und

bei meinem ersten solchen Fall dauerte es daher etwas länger, bis ich auf des Rätsels Lösung gekommen war: Schlecht gemistete Boxen.

Die Boxen aller betroffenen Pferde waren voller Mist und durchnässter Einstreu, kurz: das Gegenteil einer mit duftendem, goldenem Stroh eingestreuten, sauberen, trockenen Box. Als ich daraufhin fragte, ob das Pferd denn auch im Stall liegend angetroffen würde, wurde das verneint.

Wie schon erklärt können Pferde zwar im Stehen dösen und ausruhen, echter, erholsamer Tiefschlaf ist jedoch nur im Liegen auf der Seite möglich, weshalb die Vermutung für mich nahe lag, dass diese Pferde sich nicht in ihre schmutzige, nasse Einstreu legen mochten, daher nachts keinen erholsamen, tiefen Schlaf bekamen und diesen dann vor Übermüdung auf dem Paddock nachholten, wo es zumindest trocken war.

Die Überwachung mittels Kamera in den folgenden Nächten zeigte, dass sich die betroffenen Pferde tatsächlich nicht ein einziges Mal hinlegten. Nach mehreren Gesprächen mit den Stallbesitzern wurden schließlich die Boxen so gemistet, dass sie nachts sauber und trocken waren, und siehe da: Die Pferde legten sich hin und schliefen und das zuvor beobachtete Einknicken und „Umfallen" tagsüber auf dem Paddock verschwand.

Dieses Phänomen kenne ich übrigens auch von Pferden, die Angst vor ihrem Boxennachbarn haben. Der permanente Stress und die Anspannung versetzen das Pferd in den dauerhaften, unterschwelligen Fight or Flight Modus. (Siehe Kapitel 2.1 Fight or Flight) und ein latent angespanntes

Pferd, das auf etwas Schlimmes wartet, wird sich nicht hinlegen und schlafen.
Es ist daher überaus wichtig, sehr genau darauf zu achten, welches Pferd sich mit welchem am besten versteht, wen man also im Stall nebeneinanderstellt. Darauf wird in den allermeisten Ställen heute leider keinerlei Rücksicht genommen, das neue Pferd bekommt die Box, die gerade frei ist und fertig. Daher ein kleiner Hinweis:
Möglicherweise ist Ihr Pferd immer so verspannt, hektisch und unwillig, weil es nie zur Ruhe kommt - oder es ist aus dem gleichen Grund lethargisch und antriebslos.
Vielleicht hätten Sie ein vollkommen anderes Pferd, wenn es einen anderen Boxennachbarn hätte, oder eine saubere, trockene Box.

Tipp Boxen misten: Um jeden Tag eine trockene und saubere Box für Ihr Pferd zu gewährleisten, brauchen Sie lediglich folgendes zu tun: Bringen Sie Ihr Pferd morgens auf die Weide. Dann nehmen Sie sich eine Schubkarre und eine Mistgabel und beginnen mit dem Ausmisten:
Bei Neubezug streuen Sie die leere, ausgewaschene Box dick mit Stroh ein, vom nächsten Tag an entfernen Sie jeweils als Erstes alle Pferdeäppel und stapeln das noch trockene, saubere Stroh während dieser Tätigkeit in einer Ecke.
Entfernen Sie nun alle nassen Stellen in der verbliebenen Einstreu und verteilen Sie anschließend das in der Ecke gestapelte Stroh gleichmäßigin einer glatten Schicht in der Box. Zum Schluss streuen Sie ausreichend frisches Stroh darüber. Nach einigen Tagen wird die Schicht aus bereits

gebrauchtem, aber trockenem Stroh immer dicker, da Sie stets nur die nassen Stellen und die Äppel entfernt haben. Das nennt man dann eine „Matratze“ und gewährleistet einen trockenen, sauberen und weichen Untergrund für Ihr Pferd, der von unten isoliert, auf dem es sich gerne hinlegt und sich daher auch wirklich ausruhen kann.
Bitte verwechseln Sie dies nicht mit dem heute gebräuchlichen Wort „Matratze“ - was heute als „Matratzenhaltung“ gilt, hat mit diesem Vorgehen überhaupt nicht das Geringste zu tun.

1.3 Hüfthöcker-Trauma

Eine weitere „Kleinigkeit“, der viele Reiter kaum Beachtung schenken, ist das Hängenbleiben oder Anstoßen des Pferdes mit dem Hüfthöcker an der Boxentür.
Das korrekte Führen eines Pferdes war eines der allerersten Dinge, die wir früher im Umgang mit dem Pferd lernten und dazu gehörte auch, ein Pferd so in den Stall hinein und aus dem Stall heraus zu führen, dass es sich nirgendwo stieß.
Wir waren uns bewusst, dass das Sichtfeld des Pferdes direkt vor, neben und hinter ihm sehr eingeschränkt ist, es also in direkter Nähe zu seinem Körper nichts sehen kann und es somit in unserer Verantwortung lag, das Pferd davor zu bewahren sich zu stoßen.
Heute herrscht diesbezüglich eine ganz erstaunliche Nachlässigkeit und man kann immer wieder beobachten, wie Pferde so ungünstig aus Boxen heraus und

in Boxen hineingeführt werden, dass sie dabei mit den Hüfthöckern an den Türrahmen hängen bleiben. Wenn ich die entsprechenden Pfleger/Reiter/Stallbesitzer darauf anspreche, bekomme ich so etwas zur Antwort wie: „Ja, der ist etwas ungeschickt, das passiert dem öfter, aber das ist nicht schlimm." Dem kann ich nur in aller Deutlichkeit widersprechen.

Zunächst einmal: Es ist nicht die „Ungeschicklichkeit" des Pferdes, die zu diesen Unfällen führt. Das Pferd kann den Türrahmen in dem Moment, in dem es hindurchgeht, nicht sehen. Es ist also ausschließlich die Nachlässigkeit der führenden Person, die den Unfall verursacht.

Zweitens: Die Aussage „das sei nicht schlimm" ist ein großer Irrtum. Abhängig von der Wucht und dem Winkel des Aufpralls, können Teile des Hüfthöckers frakturieren, kleinere oder größere Knochenteile absplittern und somit lose Knochensplitter in das Gewebe gelangen. In manchen Fällen kommt es sogar zu Fissuren (Rissen) und Frakturen (Brüchen) in den Beckenknochen.

Solch schwere Verletzungen sind relativ selten, immer jedoch wird das Pferd mehr oder weniger massive Prellungen, Blockaden des Beckens und ein Trauma des Hüftgelenkes zurückbehalten.

Das bedeutet übrigens auch: Das Pferd wird in jedem Fall Schmerzen haben, leichte bis sehr starke - je nach Schwere der Verletzung und nur weil das Pferd keinen Schmerzlaut hat, sich also nicht bemerkbar machen kann und eventuell keine äußerliche Verletzung zu sehen ist, heißt das nicht, dass es unbeschadet davongekommen ist.

Nehmen wir einmal an, der Aufprall sei „glimpflich“ verlaufen, weil zumindest nichts gebrochen ist und nehmen wir an, die Schmerzen durch die Prellung seien verschwunden:

die verbleibenden unsichtbaren Folgen sind möglicherweise dennoch schwerwiegend.

Bei allen Pferden, die ich nach einem solchen Hüfthöcker-Trauma untersucht und behandelt habe, lag eine Blockade des Kreuzdarmbeingelenkes der betroffenen Seite vor.

Der betroffene Hüfthöcker war meist nach hinten und das Sitzbein, je nach Winkel des Aufpralls, nach unten oder nach innen verschoben und das Hüftgelenk auf der betroffenen Seite war schmerzhaft.

Bei etwa der Hälfte der Pferde war zudem das Kreuzbein blockiert und der Übergang zwischen selbigem und dem letzten Lendenwirbel. (Wie immer geht es bei diesen Blockaden um minimale Bewegungen, deren Fehlen jedoch erhebliche Auswirkungen auf den Bewegungsapparat und -ablauf des Pferdes haben kann.)

Das Knie auf der betroffenen Seite war bei allen Pferden, bei denen das Anstoßen länger als zwei Wochen zurücklag, empfindlich und teilweise vermehrt warm.

Zur Erläuterung: Der Hüfthöcker ist ein knöcherner Vorsprung am Darmbein, bei einem solchen Anstoßen/Hängenbleiben wird also das gesamte Darmbein nach hinten geschoben, was eine Bewegung der Darmbeinschaufel am Kreuzbein, im berühmten Kreuzdarmbeingelenk, nach hinten/oben auslöst.

Um größere Schäden an Muskeln und Bändern zu vermeiden, wird das Darmbein in einer solchen Situation am

Kreuzbein in dieser Position fixiert, es entsteht eine sogenannte Blockade im Kreuzdarmbeingelenk.
In diesem Fall handelt es sich um eine Bewegungseinschränkung, die für die Dauer ihrer Existenz verhindern wird, dass das Pferd das Becken abkippen und somit nach hinten „aufmachen“ kann und dafür sorgt, dass das betroffene Bein gefühlt kürzer ist.
„Hasengalopp“, also ein fast gleichzeitiges Aufsetzen der Hinterbeine im Galopp, bei Stuten häufig verbunden mit einem Quietschen und Kruppe hochwerfen beim Angaloppieren, unter den Körper gezogene Hinterbeine über dem Sprung und ein aufgezogener Rücken können einige der Folgen dieser Blockade sein.
Durch besagtes Verschieben des Hüfthöckers und somit des gesamten Beckenrings nach hinten bekommt außerdem das Hüftgelenk Druck (es wird quasi nach unten gedrückt) und blockiert sich in der Folge meist ebenfalls, bewegt sich also nicht adäquat. Häufig steht der Sitzbeinhöcker auf der betroffenen Seite dann tiefer und weiter innen als der auf der nicht betroffenen Seite.
Durch die Fehlstellung und Bewegungseinschränkung im Hüftgelenk wird nun auch das Knie auf der betroffenen Seite überlastet, was insofern interessant ist, als sich das Kniegelenk des Pferdes meiner Erfahrung nach eigentlich nicht blockiert, sehr wohl aber die Menisken durch eine dauerhafte Fehlstellung Schaden nehmen können.
Eine blockierte Hüfte kann also unter Umständen das Knie nachhaltig schädigen.
In der Folge der Feststellung des Kreuzbeines wird sich außerdem auch der Übergang zwischen Lendenwirbelsäule

und Kreuzbein blockieren, das Pferd wird nun Schwierigkeiten in den Seitengängen bekommen und sich möglicherweise auf mehreren Hufschlägen bewegen. Die Übertragung des Schwunges aus der Hinterhand auf die Wirbelsäule ist durch den Bewegungsverlust im Kreuzdarmbeingelenk nur noch eingeschränkt möglich und wird durch das fixierte Kreuzbein auch nicht weiter auf den Rücken übertragen.

Bei allen Pferden, welche ich untersuchte, die nach einem solchen Hängenbleiben oder Anstoßen mit dem Hüfthöcker länger unbehandelt weiter geritten worden waren, waren nach einiger Zeit auch die Kiefergelenke und das Genick blockiert, was zu erheblichen Schwierigkeiten in der Anlehnung führte. (Siehe Unterkapitel Spiegelgelenke Seite 141)

Wird das Becken nach einem solchen „harmlosen" Hängenbleiben nicht wieder geradegerichtet und alle Blockaden behoben, kann die kontinuierliche Fehlbelastung nicht nur zu einer Entzündung in Knie- und Hüftgelenken, sondern noch zu vielfältigen weiteren Erkrankungen des Bewegungsapparates und Verschleiß führen.

Die Muskulatur wird sich der Fehlstellung anpassen und asymmetrisch werden, woraus sich ein dauerhafter Beckenschiefstand entwickeln kann: Bewegungsstörungen bis hin zu Lahmheiten können die Folge sein.

Ich halt das für alles andere als harmlos.

Deshalb machen Sie sich einfach folgendes bewusst: Viele Pferde versuchen, schnellstmöglich in ihre Box zu gelangen, sei es, weil Futter in der Krippe liegt, um das sie wegen der

futterneidischen Boxennachbarn fürchten müssen, weil andere Pferde aus den Fenstern auf die Boxengasse giften oder weil der Angestellte, der die Pferde rein und rausbringt, es schon ein paarmal hinein gescheucht hat.
Das Pferd kann aufgrund seines Sichtfeldes, wenn es schon dicht an der Tür ist, den Abstand seines Körpers zum Türrahmen nicht mehr gut abschätzen. Wenn dann auch noch Stress hinzukommt, rückt das Erreichen der Box als „sicherer Ort“ für das Pferd an die erste Stelle, vor seine körperliche Unversehrtheit.
Deshalb mein Appell an alle Pferdepfleger, Stallbesitzer und Reiter, deren Pferde in Boxenhaltung untergebracht sind:
Bitte stellen Sie sicher, dass die von Ihnen versorgten Pferde langsam und mit Umsicht in die Box hinein und aus der Box herausgeführt werden.
Das Hängenbleiben/Anstoßen mit dem Hüfthöcker ist nicht harmlos.

1.4 Zusatzfuttermittel

Wie schon beschrieben fütterten wir unsere Pferde früher mit dem selbst gemachten Heu und mit gelagertem Hafer, welchen wir direkt vor dem Füttern durch eine Quetsche laufen ließen. Von letzterem bekam jedes Pferd unterschiedlich viel: Das Pony immer nur eine Handvoll und das auch nur, damit es dachte, es hätte etwas bekommen, die Vollblüter teilweise zwei große Schaufeln pro Mahlzeit.

Die Kraftfutterrationen wurden dem jeweiligen Temperament, Körperbau und der Arbeitsbelastung des Pferdes angepasst.
In vielen Ställen wird heute vom Personal das gefüttert, was der Besitzer angibt. Viele Reiter/Besitzer wissen aber gar nicht, wie viel Kraftfutter ihr Pferd eigentlich benötigen würde und so bekommen die meisten Pferde im Verhältnis zu ihrer tatsächlichen Arbeitsbelastung sehr wahrscheinlich viel zu viel Kraftfutter.
Es gibt etliche verschiedene Müslis, haferfrei, getreidefrei, für Senioren, für Fohlen, für bestimmte Rassen und in fast jedem Reitstall stehen in der Futterkammer hunderte Plastiktonnen, in denen die besorgten Besitzerinnen ihr „Spezialmüsli" und die Zusatzfuttermittel aufbewahren, die sie dem Pferd dann nach dem Reiten geben.
Zusätzlich zu der vom Stall bereits ausgegebenen Kraftfutterration.
Natürlich geschieht dies mit den besten Absichten, aber eben auch mit einer erstaunlichen Sorglosigkeit. Es scheint die Meinung vorzuherrschen, dass ein „zu viel" ja gar nicht möglich sei und das ist ein Irrtum:
Erstens kann zu viel Kraftfutter Erkrankungen wie die Hufrehe verursachen, zweitens kann es zur Übersäuerung in der Muskulatur führen, drittens erhöht zu viel Kraftfutter die innere Anspannung des Pferdes, welche sich in Stress wandelt, wenn sich für das Pferd kein Ventil zum Abbau der überschüssigen Energie findet.
Und viertens gibt es bestimmte Stoffe, die man überdosieren kann.
Nehmen wir als Beispiel dafür das Selen:

Eine Überdosierung dieses Elementes führt zu einer sogenannten Selenvergiftung. Selen ist in fast allen Zusatzfuttermitteln enthalten und spielt eine große Rolle als Radikalenfänger im Organismus. Nun wird es jedoch nicht einfach wieder ausgeschieden, wie das zum Beispiel bei nicht verwertetem, überschüssigem Vitamin C oder Magnesium der Fall ist, sondern es reichert sich im Körper an. Die Selenvergiftung ist daher in den meisten Fällen ein chronischer Prozess, der über Monate entsteht.

In Deutschland war das Phänomen eigentlich gar nicht existent, da die Böden in den weitaus größten Teilen Nordeuropas sehr Selen arm sind und die Futterpflanzen dementsprechend auch - bis die Futtermittelhersteller damit begannen, immer mehr Zusatzfuttermittel, mit immer verwegeneren Indikationen auf den Markt zu bringen.

Bald war die Mehrzahl der Reiter der Meinung, dass ein Pferd, welches geritten wird, definitiv nicht ohne diverse Pülverchen für „die Muskulatur" und „die Kondition" und „das Nervenkostüm" auskommt. Was übrigens ganz generell noch einmal die Abwegigkeit der heute in Deutschland gängigen Pferdehaltung aufzeigt:

Die Pferde werden eingesperrt und mit Kraftfutter gefüttert, können dabei nicht ihrem artgerechten Verhalten nachgehen, müssen stattdessen permanent Hochleistungen bringen und werden so in einen Zustand innerer und äußerer Anspannung versetzt und dann gibt man ihnen Mittelchen und Pülverchen, damit sie nicht so „nervös" oder „angespannt" sind. Einem Pferd anstelle von genügend Auslauf und durchdachtem Training ein Präparat zu verabreichen, ist einfach absurd.

Es ist doch ganz einfach: Wenn Sie Ihr Pferd langsam und sorgfältig nach der Skala der Ausbildung aufbauen und zu keinem Zeitpunkt überfordern, wenn das Training mit Sinn und Verstand geschieht und das Pferd hochwertiges Heu, Stroh und nicht zu viel Kraftfutter zu fressen bekommt und tagsüber grasend auf der Weide steht, dann hat das Pferd keine Verspannungen und/oder Schwierigkeiten mit der Muskulatur.

Da das jedoch in den meisten Ställen nicht gegeben ist, füttern und kochen und mischen die Reiter und Pferdebesitzer, in der Hoffnung, diesen Mangel damit ausgleichen zu können.

Einmal abgesehen davon, dass das auf diese Weise nicht möglich ist, wird dabei leider häufig versäumt, zum Beispiel besagten Selengehalt eines jeden Futters und Pulvers und Pellets zu überprüfen, die Gesamtmenge allen Futters und aller Inhaltsstoffe zu kennen und dementsprechend schlicht nicht gewusst, wie viel Selen das Pferd pro Tag insgesamt aufnimmt.

Und daher gibt es inzwischen tatsächlich Selenvergiftungen bei Pferden in Deutschland.

Die Symptome sind vielfältig. Kurz zusammengefasst:

Beobachten Sie bei Ihrem Pferd eine Verschlechterung des Allgemeinbefindens, Lethargie, Konditionsverlust, Hornveränderungen an den Hufen und Ausfall von Mähnen- und Schweifhaaren ohne dass das Pferd sich dabei scheuert, lassen Sie die Konzentration von Selen im Blut Ihres Pferdes kontrollieren. Es gibt auch Berichte von einem „knoblauchähnlichen" Geruch der Atemluft und des Schweißes betroffener Pferde, da jedoch an fast alle Pferde

inzwischen auch Knoblauch verfüttert wird (in der irrigen Annahme, es hielte Insekten ab) ist das heutzutage nicht besonders aussagekräftig.
Als Erstes muss bei einem zu hohen Selenwert im Blutbild natürlich umgehend jede weitere Zufuhr von Selen unterbunden werden. Als Antidot kann im zweiten Schritt Vitamin C helfen, da es die im Körper gespeicherten Selensalze in metallisches Selen umwandelt, welches dann nicht mehr vom Körper aufgenommen werden kann und ausgeschieden wird. Dafür benötigt man eine Mindestdosierung von 20 Gramm Vitamin C pro Pferd und Tag.
Eine ähnlich unheilvolle Wirkung wie zu viel Selen kann, so meine Beobachtung, das Verfüttern von Biotin & Zink an Pferde mit Hauttumoren haben.
Die Kombination Biotin & Zink wird gerne und durchaus mit Erfolg bei Pferden mit schlechter Hornqualität und brüchigen Hufen gegeben.
Sowohl bei Schimmelmelanomen als auch bei equinen Sarkoiden kann das zusätzliche Füttern von Biotin & Zink allerdings nicht nur das Wachstum der Hufe, sondern auch das der Tumore anfachen.
Ich kam auf diesen Zusammenhang, als ich mehrere Pferde gesehen hatte, bei denen die Tumore, nachdem sie jahrelang ruhig gewesen waren, plötzliche Wachstumsschübe hatten. Um herauszufinden, was dieses plötzliche Wachstum veranlasst haben könnte, ging ich die äußeren Umstände durch, befragte die Besitzer zu Futterwechseln, Medikamentengaben, auch homöopathischer Art (im Sinne einer möglichen Erstverschlimmerung) Stressfaktoren und

anderen Erkrankungen. All das wurde verneint, bis ich irgendwann explizit nach „Zusatzfuttermitteln“ fragte und sich herausstellte, dass all diesen Pferden seit einigen Wochen Biotin & Zink zu gefüttert wurde und sofort nach Absetzen des Mittels schlief das Wachstum der Tumoren wieder ein.

Ich habe aufgrund dieser Beobachtung mehrere Tierärzte gefragt, ob ihnen der Zusammenhang bekannt sei. Alle haben das verneint und zu bedenken gegeben, dass ein solcher Zusammenhang ausgesprochen unwahrscheinlich sei.

Das mag so sein und ich habe keine wissenschaftliche Studie dazu durchgeführt, aber meine Erfahrungen und Beobachtungen sprechen dafür, dass es einen Zusammenhang gibt. Sollten Sie also ein Pferd mit schlechter Hornqualität und Hauttumoren haben, würde ich persönlich dringend empfehlen, gemeinsam mit dem Schmied lieber über andere Möglichkeiten zur Verbesserung der Hufe nachzudenken und vorsorglich auf die Gabe von Biotin & Zink zu verzichten.

Auch ohne Vorerkrankungen wie Hauttumoren und ohne, dass das Präparat Selen enthält, habe ich schon Fälle erlebt, in denen Pferde durch die Gabe von Zusatzmitteln regelrecht krank gefüttert wurden.

In einem Fall wurde ich zu einem Pferd gerufen, welches bei meinem vorherigen Besuch nur wenige Wochen zuvor topfit gewesen war. Jetzt hatte es deutlich abgebaut, das Fell war stumpf und es machte einen lethargischen Eindruck.

Nach Veränderungen in der Fütterung befragt, versicherte die Besitzerin diese habe es nicht gegeben, dann fiel ihr jedoch ein, dass sie doch etwas Neues zu gefüttert habe.
Eine Bekannte, die sich sehr viel mit der Pferdegesundheit beschäftige, habe ihr etwas zur „Entgiftung" für ältere Pferde empfohlen und das habe sie ihrem Pferd seitdem gegeben.
Das Präparat enthielt laut Packungsangabe nicht viel mehr Wirkstoffe als Mariendistelextrakt und ich hielt es erst einmal für nicht sehr wahrscheinlich, dass dieses Mittel in so kurzer Zeit zu einem solch extremen Abbau an körperlicher Fitness und einer solch deutlichen Verschlechterung des Allgemeinzustandes geführt haben könnte.
Als die Ergebnisse der Blutuntersuchung zurückkamen, war ich daher wirklich überrascht: Die Leber - und Nierenwerte waren stark erhöht, ebenso einige Muskelwerte.
Niere und Leber sind Organe, die tatsächlich unter anderem für die Ausleitung von Giftstoffen aus dem Körper zuständig sind und man könnte also sagen: „Ist doch super, das Mittel hat funktioniert!", das sehe ich jedoch kritisch.
Ein Präparat, welcher Art auch immer und wie teuer es auch immer sein mag, führt nicht dazu, dass der Körper „entgiftet" wird. Es kann wohl in Ausnahmefällen Sinn machen, die Leber eines Pferdes mit pflanzlichen Extrakten zu unterstützen, wenn es zum Beispiel über einen langen Zeitraum Entzündungshemmer oder Schmerzmittel bekommen hat, oder nach einem starken Parasitenbefall, der mehrere Wurmkuren nötig machte. Aber „entgiften" tut das Präparat oder Medikament das Pferd nicht.

In diesem Fall hatte das Verfüttern des Präparates offenbar zur Folge, dass Leber und Nieren des Pferdes völlig unnötigerweise über das normale Maß hinaus belastet wurden, entweder weil die Inhaltsstoffe nicht rein waren, oder weil die pflanzlichen Extrakte den Leberstoffwechsel tatsächlich so stark angekurbelt hatten, dass es den Stoffwechsel dieses älteren Pferdes schlicht überforderte.
In jedem Fall hatte es zu einer rapiden Verschlechterung des Allgemeinzustandes geführt. Das Mittel wurde noch an demselben Tag abgesetzt und das Pferd erholte sich innerhalb einer Woche sichtbar, was bedeutet: Die Besitzerin hatte ihr kerngesundes, fittes, leistungsbereites Pferd krank gefüttert - und zwar mit den besten Absichten, in der Annahme, ihm etwas Gutes zu tun.
Die Gabe von Zusatzfuttermitteln kann in manchen Fällen ganz ohne jede Frage sinnvoll und bei Mangelerscheinungen sogar wirklich notwendig sein. Um jedoch entscheiden zu können, ob Ihrem Pferd überhaupt etwas fehlt und wenn ja, was, welche Zusammensetzung und Dosierung also die Richtige ist, sollte stets zunächst einmal ein Blutbild erstellt werden. Auf Basis dessen können Sie dann mit Ihrem Tierarzt zusammen entscheiden, ob und wenn ja, was für ein Zusatzfutter Ihr Pferd benötigt.
Wenn Sie Ihrem Pferd einfach so ein Präparat geben, weil auf der Packung steht, es sei gut für die Nerven, Muskeln, Knochen oder zur „Entgiftung“, riskieren Sie, Ihrem Pferd damit zu schaden, anstatt ihm etwas Gutes zu tun.
Pferdehaltung erfordert also ein gewisses Maß an Wissen, Aufwand und Überlegung, wenn sie mit dem

Tierschutzgesetz konform sein und das Pferd dabei gesund bleiben soll.

Das Pferd ist ein überaus sensibles, empfindliches und komplexes Tier, auch wenn seine Größe und Kraft darüber hinwegtäuschen mögen. Und das hat Auswirkungen auf die Haltung und jeden Umgang mit dem Pferd.

Kapitel 2
Der Umgang mit dem Pferd

2.1 Fight or Flight

Es sollte für jeden Reiter selbstverständlich sein, möglichst alles über den Fight or Flight Instinkt des Pferdes zu wissen. Dieser Instinkt beeinflusst jede Interaktion mit unseren Pferden und muss unbedingt berücksichtigt werden, wenn wir mit Pferden umgehen oder arbeiten. Nur unter dieser Voraussetzung können wir das Vertrauen unserer Pferde gewinnen und diese gesund erhaltend trainieren - und darüber hinaus kann dieses Wissen lebensrettend sein.

Pferde sind, evolutionsbiologisch gesehen, nicht sehr wehrhafte Beutetiere. Um ihre Chancen auf ein Überleben zu verbessern, werden sie mit einem Herdeninstinkt und einem Fluchtinstinkt geboren und sind, um Gefahren so früh wie möglich wahrnehmen zu können, mit extrem feinen Sinnen ausgestattet. Dazu gehört die besondere Fähigkeit, Anzeichens von Stress, Angst oder Unruhe in allen anderen Lebewesen wahrnehmen zu können - und zwar unabhängig von der Art. Dies bedeutet: Der Hofhund wird davon ebenso erfasst wie der Mensch.

Jede Herde wird von einem Leittier angeführt, welches sich durch besondere Souveränität, Übersicht und Erfahrung auszeichnet. Dieses Leittier übernimmt gewissermaßen die Verantwortung für die Versorgung der Herde mit Wasser und Futter und weiß durch Erfahrung, Gefahren möglichst von vornherein aus dem Weg zu gehen. Sollte sich dennoch ein Raubtier nähern, liegt für die Pferde die beste Chance zu überleben in einer möglichst schnellen und effektiven Flucht. Als nicht übermäßig wehrhaftes Beutetier, ist weglaufen immer besser als kämpfen und daher stets die erste Reaktion, im Notfall wird sich das Pferd jedoch auch einem Kampf stellen. Die Hufe und vor allem das Gebiss eines Pferdes sind durchaus effektive Waffen, allerdings eben nur auf eine sehr geringe Distanz. Das heißt: wenn das Pferd die Möglichkeit hat den Löwen zu beißen, ist der Löwe definitiv schon in Reichweite der Kehle oder seines Genicks.

Die schnelle und sofortige Fluchtreaktion ist also, zusammen mit dem Herdentrieb, die wichtigste angeborene Prägung des Pferdes. Natürlich kann man sich fragen, ob ein Pferd in der heutigen Zeit noch Angst vor Raubtieren haben muss. Das ist bloß leider unerheblich, denn ein Pferd, das heute geboren wird, hat ganz genau dieselben Instinkte und Sinne wie seine Vorfahren, die tatsächlich noch vor wilden Tieren flohen.

Ein solides Verständnis dieses Fight or Flight Instinktes ist für Sie als Reiter absolut unerlässlich, damit Sie verstehen, warum Sie unbedingt das Vertrauen Ihres Pferdes benötigen und warum Ihr Pferd darauf angewiesen ist, Ihnen vertrauen zu können.

Der Fight or Flight Instinkt besteht gewissermaßen aus zwei Stufen: Die erste Reaktion auf eine Gefahr ist immer die Flucht, also Wegrennen, zur Seite springen, durchgehen. Wenn eine Flucht nicht möglich ist, greift der Kampfmodus, das Pferd wird kämpfen, wenn es sich bedroht fühlt, aber nicht wegrennen/entkommen kann, zum Beispiel weil es

angebunden oder eingesperrt ist, festgehalten wird oder irgendwo feststeckt.
Nimmt das Pferd eine Gefahr wahr, sei es besagte Anspannung in anderen Lebewesen, ein Geräusch, einen Geruch oder etwas, das es sieht, sendet das Zentrale Nervensystem automatisch ein Signal an die für Flucht oder Kampf benötigten Muskeln, sich in höchste Anspannung zu versetzen und es kommt zur Ausschüttung verschiedener Stoffe in die Blutbahn. In erster Linie sind dies Adrenalin, Noradrenalin und Cortisol. Diese sogenannten Stresshormone bereiten alles vor für jene heftige und unvermittelte Muskelleistung, die für eine Flucht oder einen Kampf benötigt wird. Die dafür wichtigsten Muskeln und Organe werden nun vermehrt mit Zucker und Sauerstoff versorgt, was zulasten der „unwichtigeren" Körperteile wie Haut und Verdauungsorgane geht. Die Bronchien werden für eine verbesserte Atemleistung weit gestellt, Blutdruck und Blutzuckerspiegel werden ebenso erhöht wie die Herzfrequenz und der Stoffwechselumsatz, Fettreserven werden abgebaut und in schnell verfügbare Energie umgewandelt.
Und: Das Cortisol sorgt für eine sofortige und effektive Unterdrückung des Immunsystems.
Jede Energie, jeder Ablauf im Körper ist jetzt nur noch auf die Flucht/den Kampf, sprich: Das Überleben ausgerichtet. Alle Skelettmuskeln werden in Anspannung versetzt, um sofort reagieren zu können. Der Kopf wird so hoch wie möglich getragen, die Hinterbeine werden in Bewegung gehalten, jede Faser des Körpers ist bereit zu fliehen. Die Gehirnleistung wird für alles andere außer Flucht/Kampf

heruntergefahren, die Wahrnehmung und Verarbeitung anderer Reize findet quasi nicht mehr statt.
Dieser Zustand hält so lange an, bis das Pferd der Bedrohung entkommen ist. Dann übernimmt das parasympathische Nervensystem, welches Endorphine in das Gehirn freisetzt und dafür sorgt, dass Stoffwechselumsatz, Herzrate und Blutdruck wieder sinken und sich alle Prozesse im Organismus normalisieren. Es handelt sich hierbei zu keinem Zeitpunkt um eine bewusste Entscheidung des Pferdes, sondern um einen absolut automatisierten Ablauf, der, einmal in Gang gesetzt, bis zum Entkommen oder Tod weiterläuft.
Ein Pferd in Panik ist also quasi ferngesteuert und nimmt keine Rücksicht auf die eigene Unversehrtheit. Erst recht nicht auf die von anderen Tieren oder Menschen in seiner Umgebung. Es zählt nur noch der Überlebensinstinkt und so tut das Pferd, was in seiner DNA gespeichert ist:
So schnell wegrennen wie irgendwie möglich, oder, wenn das nicht möglich ist, kämpfen.
Eine solche Situation ist sowohl für Sie als auch für Ihr Pferd lebensgefährlich und ich kann nur jedem Reiter raten, alles daranzusetzen, zu verhindern, dass bei seinem Pferd der Fight/Flight Modus aktiviert wird.
Dies kann nur gelingen, wenn Sie das Vertrauen Ihres Pferdes gewonnen haben und Sie für Ihr Pferd das geworden sind, was ich eine „verlässliche Führungsfigur“ nenne. Sie können es nämlich schaffen, von Ihrem Pferd als „Leittier“ wahrgenommen zu werden und haben dann eine reelle Chance, Ihr Pferd souveräner und

stresstoleranter werden zu lassen und dadurch zu verhindern, dass es schnell in Panik gerät.
Denn: Das Einzige, was bei einem Pferd stärker ausgeprägt ist als der Fluchtinstinkt, ist der Herdentrieb. Ein ängstliches Pferd wird immer die Nähe zur Herde und einer verlässlichen Führungsfigur (Ihnen) suchen und nicht riskieren, mutterseelenallein zu flüchten. Sie können also Ihr Pferd tatsächlich davor bewahren, in Panik zu geraten, wenn es Ihnen vertraut. Doch dazu später mehr.
Ich möchte hier zunächst von einer Begebenheit berichten, die verdeutlicht, wie gefährlich ein Pferd im Fluchtmodus werden kann:
Mein Vater kaufte sich vor vielen Jahren eine Vollblut-Haflingermixstute, weil er beschlossen hatte Kutsche fahren zu wollen. Die Stute war ihm als eingefahrenes Verlasspferd verkauft worden, wer das Einfahren übernommen hatte und wie genau das geschehen war, war unbekannt, aber das Pferd machte einen freundlichen und gelassenen Eindruck, der Verkäufer versicherte, vor der Kutsche sei es ganz genauso, es sei jetzt bloß eine Weile nicht gefahren worden und so wurde es gekauft. Mein Vater spannte also die Stute vor die nagelneue, extra angeschaffte Marathonkutsche und wunderte sich nur ein bisschen darüber, dass das Pferd beim Anspannen nicht stehen wollte und jedes Mal sofort losschoss, sobald es nicht mehr von zwei Menschen am Kopf festgehalten wurde. Er schob es auf die mangelnde Fahrpraxis und fuhr weiterhin mit dem Pferd, sooft er Zeit fand.
Das ging eine ganze Zeit lang gut, wenn man davon absieht, dass das Pferd zu keinem Zeitpunkt einen entspannten

Eindruck machte, sobald es vor der Kutsche lief. Bis wir an einem Sommertag in die Heide hinaus fuhren. Die „Heide" ist eine große und wunderbare Heidefläche einige Kilometer von dem Hof meines Vaters entfernt, auf der wir häufig ritten und wo es auch schöne Wege zum Kutsche fahren gab und wir - das waren meine beiden Schwestern, unsere Labradorin, mein Vater und ich. Wir waren gerade auf einem Sandweg angelangt, der zur Straße und dann Richtung nach Hause führte, als die Stute noch hektischer wurde, als sie es vor der Kutsche ohnehin immer war, und wie verrückt mit dem Schweif zu schlagen begann. Offenbar hatte sie eine Hirschlaus zwischen den Hinterbacken und das passte ihr nicht, jedenfalls schlug sie heftig mit dem Schweif, und versuchte so, das lästige Insekt loszuwerden. Bis sie unglücklicherweise mit dem Schweif die Leine fing. Besagte Leine klemmte nun unter ihrer Schweifrübe fest und das war offenbar endgültig zu viel für das Pferd. Sie riss den Kopf hoch und begann zu rennen. Sie rannte den Weg hinunter, so schnell sie konnte, und zwar genau auf die Hauptstraße zu.

Mein Vater schrie, wir sollten sofort abspringen und als ich mich zu meinen Schwestern umdrehte, sah ich sie mit dem Hund durch den Sand rollen. Aber vorn vom Bock zu springen war noch einmal eine andere Sache, der Abstand zum Boden war einfach viel zu groß und darüber hinaus hatte ich das Gefühl, irgendetwas tun zu müssen, nur wusste ich nicht, was. Ich sah die Straße auf uns zukommen und hoffte, das Pferd würde gleich langsamer werden, denn es kannte ja den Weg und die Gegebenheiten. Aber nichts dergleichen: Im Gegenteil, völlig außer sich, den Kopf hochgerissen, raste sie einfach weiter. Mein Vater, ein kräftiger Mann, hing mit aller Kraft in den Leinen, aber die Stute reagierte auf gar nichts. Nicht auf den extremen Druck auf ihre Laden, Zunge und Maulwinkel, der mit Sicherheit sehr schmerzhaft war, nicht auf unser panisches „Hoooooooo" und „Teeeeeeeraaaaaab" und „Scheeeeeeeeerit", es hatte einfach überhaupt keinen Effekt:

Es war, als würde das Pferd uns und seine gesamte Umgebung vollkommen und komplett ausgeblendet haben. Es rannte um sein Leben und es war ihm offenbar vollkommen gleichgültig, auf welchem Untergrund, ob Hindernisse im Weg lagen oder eine Hauptstraße näherkam. Und dann riss die rechte Leine. Zum Glück muss man heute sagen, denn das bedeutete, dass die linke Leine noch intakt war und auf dieser Seite standen zwei Wachholderbüsche. Mein Vater hing nun also mit seinem ganzen Gewicht in der linken Leine, wodurch es ihm gelang, das Pferd in die Wachholderbüsche zu ziehen. Von Lenken konnte wirklich überhaupt keine Rede sein, hier wirkte rohe Gewalt. Nur dadurch, dass er den Kopf des Pferdes durch die einseitige Einwirkung nach links ziehen konnte, folgte der Körper und das Pferd kam schließlich in den Büschen zum Stehen, wenige Meter vor der Straße. (Die Idee, nur an einer Leine zu ziehen, war uns in der bedrohlichen Situation nicht gekommen, sodass das Reißen der rechten Leine einen Glücksfall darstellte.)

Die Stute blutete aus dem Maul und aus den Nüstern, hatte weit aufgerissene Augen und keuchte, war schweißnass und zitterte so stark am ganzen Leib, dass es mir zunächst nicht gelang, die Schnallen des Geschirrs zu öffnen. Als wir sie schließlich ausgespannt hatten, führte ich sie den Weg hinauf, von wo meine Schwestern und der Hund glücklicherweise unversehrt angetrabt kamen. Es dauerte sicher zwanzig Minuten, bis sich die Atmung des Pferdes und das Pferd insgesamt wieder soweit beruhigt hatten, dass wir im Schritt nach Hause fahren konnten, mit der notdürftig durch meinen Vater geflickten rechten Leine und mit mir am Kopf des Pferdes, nebenhergehend.

Wäre diese Leine nicht gerissen und wäre mein Vater dadurch nicht gezwungen gewesen, einseitig zu ziehen und so den Kopf des Pferdes herumzureißen, wären wir sehr wahrscheinlich schwer verletzt, wenn nicht tot gewesen, das Pferd eingeschlossen. Selbst wenn gerade kein Auto gekommen wäre, hätte das Pferd auf dem Asphalt bei diesem Tempo definitiv in der Kurve den Halt verloren und wäre gefallen und die Kutsche wäre mit circa sechzig km/h umgekippt und samt Pferd durch die Gegend geschleudert.

Sie sehen also, wie gefährlich der Flight-Modus für alle Beteiligten sein kann und werden mir sicher zustimmen, dass es klüger wäre, diesen Zustand der blinden Flucht bei Ihrem Pferd zu vermeiden. Die Stute meines Vaters geriet nach diesem Vorfall regelmäßig aus den nichtigsten Anlässen in Panik und ging durch. Erst versuchte er es noch mit einem schärferen Gebiss, dann gab er das Fahren mit diesem Pferd auf. Es war einfach lebensgefährlich.

Was einen anderen mir dringenden Punkt unterstreicht: Ein scharfes Gebiss oder andere „Hilfsmittel“ bringen überhaupt nichts, außer dass Sie dem Pferd Schmerzen

zufügen und dadurch Vertrauen zerstören, anstatt es aufzubauen.
Sie können ein Pferd mit Zwang und Schmerz unterwerfen und gefügig machen, aber das führt einzig und allein dazu, dass Sie dem Pferd beibringen, Angst vor Ihnen zu haben oder sich zu wehren. Das Pferd meines Vaters hatte ganz sicher überwiegend schlechte Erfahrungen gemacht und keinerlei Vertrauen - weder zum Kutsche fahren noch zu den Menschen an den Leinen.
Er hätte die Anspannung der Stute damals nicht auf die „mangelnde Fahrpraxis" schieben dürfen, sondern erkennen müssen, dass das Pferd noch nicht so weit war, alleine gefahren zu werden. Er hätte noch einmal von der Pike auf anfangen müssen, um dem Pferd erst einmal wieder Sicherheit und Selbstvertrauen zu geben, mit Bodenarbeit, Reifen schleppen, geführtem Fahren, mit jemandem am Kopf, bis das Pferd wieder Vertrauen bekommen hätte. Solche Fehleinschätzungen können fatale Folgen haben und ein scharfes Gebiss oder Zwangsmaßnahmen sind nicht die Lösung.
Die jahrelange, durchdachte Ausbildung von Pferd und Reiter hat ja neben dem Erlernen von Fähigkeiten auch den Sinn, das Vertrauen zwischen beiden zu festigen und die feine Kommunikation zu stärken. Darauf zu verzichten, aus Profitgier oder Faulheit, ist auch aus diesem Grund ein schwerwiegender Fehler.
Der andere Teil des Fight or Flight Modus ist nicht weniger gefährlich: Wie schon beschrieben greift diese Stufe, wenn eine Flucht nicht möglich ist: weil das Pferd sich in einem Transporter oder einer Box befindet, festliegt oder

angebunden ist. Was für den Fluchtmodus gilt, trifft auch auf den Kampfmodus zu: Ein Pferd kämpft bis zum Tod oder Freikommen, auch wenn es sich selbst oder anderen dabei schwerste Verletzungen zufügt. Für das Pferd ist es instinktiv immer ein Kampf auf Leben und Tod, der Fight/Flight Instinkt ist angeboren, um dem Pferd das Leben zu retten. Sie können einem Pferd in diesem Zustand der instinktiven Todesangst leider nicht mit Logik kommen und ihm erklären, dass es doch „nur" in der Box festliegt oder im Halfter festhängt oder auf dem Anhänger über der Stange feststeckt: Für ein Pferd in Panik gibt es keine Abstufungen. Es ist ON oder OFF.

Ich habe schon viele schlimme Situationen mit feststeckenden Pferden erlebt und möchte hier zur Verdeutlichung von einem solchen Erlebnis berichten: Für eine Behandlung war ich abends in einem Stall und es war niemand mehr da, außer der Besitzerin des zu behandelnden Pferdes und mir, als wir Gerumpel, Stöhnen und heftiges gegen Wände schlagen aus einer der hintersten Paddock-Boxen der Stallgasse hörten. Wir liefen in die Richtung, aus der der Lärm kam und fanden einen großen Schimmelwallach, der auf dem Rücken in der schmalen Tür zu seinem Außenpaddock festlag, und zwar so ungünstig, dass sich ein Hinterbein vor dem Türrahmen befand und das andere draußen.

Das Pferd schlug wie wild mit den Beinen und dem Kopf um sich und versuchte alles, um freizukommen, aufgrund seiner Größe und der Verkantung seiner Hinterbeine gelang ihm das jedoch nicht. Mit seinen Eisen schlug er sich bei seinen Befreiungsversuchen die anderen Beine auf und auch an dem im Türrahmen steckenden Bein waren bereits großflächige Abschürfungen zu sehen. Während ich überlegte, wie wir das Pferd befreien könnten, ohne uns dabei selbst in Gefahr zu bringen, kam ungünstiger Weise die Besitzerin des festliegenden Schimmels in den Stall. Beim Anblick ihres Pferdes begann sie hysterisch zu schreien und wollte sich in die Box stürzen, woran ich sie nur mit Mühe hindern konnte. Ich bemühte mich, ihr zu erklären, dass es lebensgefährlich sei, in dieser Situation die Box zu betreten, woraufhin sie erwiderte, ich solle sie gefälligst in Ruhe lassen, das sei schließlich ihr Pferd und sie kenne es jawohl am besten und ihr Cally würde ihr niemals etwas tun. Ich versicherte ihr, ihr Cally würde sie gewiss nicht absichtlich verletzen, aber ziemlich sicher aus Versehen, sie könnte ein Kollateralschaden werden, bei dem Versuch des Pferdes, freizukommen. Ich bat sie, sich zu beruhigen, damit wir ihrem Pferd helfen könnten und versuchte ihr klarzumachen, dass ihr Geschrei und ihre offensichtliche Angst das Pferd noch panischer machen würden. Aber sie war wohl noch panischer als ihr Pferd, jedenfalls kreischte sie fortwährend „Cally! Mein Cally! Oh mein Gott, mein Cally!“. Ich bat die aufgeregte Besitzerin, sich irgendwo hinzusetzen und sich zu beruhigen, damit wir endlich das Pferd auf die Beine bringen könnten, bevor es sich selbige alle gebrochen hätte. Das tat sie schließlich auch und ich machte mich mit zwei Stricken auf den Weg in das Außenpaddock. Mein Plan war, Stricke um das schon draußen befindliche Hinterbein und das noch innerhalb des Türrahmens steckende zu schlingen und dann mit der anderen Pferdebesitzerin zusammen gleichzeitig beide Beine nach draußen zu ziehen, sodass das Pferd hoffentlich mit dem Rumpf im Durchgang liegen würde und somit Platz hätte, um aufzustehen.

Gerade im Paddock angekommen, sah ich aus den Augenwinkeln, wie die hysterische Besitzerin durch die geöffnete Boxentür auf ihr Pferd zustürzte - und unmittelbar danach aus derselben Tür wieder hinausflog. Ich muss zugeben, dass ich über die gesammelte Dummheit und Beratungsresistenz fluchte und beeilte mich mit der anderen Pferdebesitzerin, die Hinterbeine des Pferdes nach draußen zu ziehen, was glücklicherweise im ersten Anlauf gelang, das Pferd stand immerhin wieder und schien sich zumindest nichts gebrochen zu haben. Im Gegensatz zu seinem Frauchen: dieses hatte einen Tritt vor die Brust bekommen, als sie ihrem panisch kämpfenden Cally um den Hals fallen wollte, um ihn zu „beruhigen“. Ihr Schlüsselbein und die ersten drei Rippen waren gebrochen, sie hatte ein Schleudertrauma und diverse Prellungen und wahnsinniges Glück, dass ihr Pferd sie nicht im Gesicht, am Hals, am Kopf oder Bauch erwischt hatte und sie keine schwereren Verletzungen davontrug.

Ein Pferd im Kampfmodus ist absolut lebensgefährlich, das müssen Sie als Reiter einfach wissen. Nähern Sie sich einem Pferd in Panik, das nicht fliehen kann, nur mit allergrößter Vorsicht! Sprechen Sie mit ruhiger, tiefer Stimme und bleiben Sie ruhig. Wenn Sie die Möglichkeit haben, rufen Sie einen Tierarzt und lassen Sie das Pferd sedieren, ehe Sie Hilfsversuche unternehmen. Wenn Sie die Situation überfordert und Sie nicht ruhig bleiben können, gehen Sie weg, denn Ihre Aufregung überträgt sich auf das betroffene Pferd und macht alles noch viel schlimmer.

Hier noch ein kleiner Tipp für den Alltag: Denken Sie an ein Pferd, welches Sie zum Putzen rechts und links locker auf der Stallgasse angebunden haben. Es hält den Kopf so hocherhoben, wie die Anbinder es zulassen und trippelt mit den Hinterfüßen hin und her. Sie putzen weiter, ermahnen das Pferd eventuell, doch endlich die Füße stehenzulassen, werden vielleicht sogar ungehalten und lauter, das Pferd bleibt weiter mit den Hinterfüßen in Bewegung. Haben Sie das Bild im Kopf? Gut. Behalten Sie das und merken Sie sich folgendes:

Ein Pferd, das die Hinterbeine in Bewegung hält, ist definitiv nicht entspannt! Es steht im Gegenteil unter Hochspannung und bereitet sich darauf vor, zu fliehen oder zu kämpfen. Wenn Sie die Möglichkeit haben, bringen Sie das Pferd aus der Situation heraus und beruhigen Sie es, bevor es panisch wird. Das gilt immer und überall: Hinterbeine in Bewegung bedeutet hohe Anspannung im Pferd und das Pferd ist bereit, zu explodieren.

Merke: unruhige Hinterbeine = unruhiges Pferd.

Achten Sie ruhig einmal darauf, wenn Sie sich das nächste Mal eine Dressurprüfung anschauen: Ein Pferd, welches beim Halten die Hinterbeine in Bewegung hält oder Ausfallschritte macht, ist definitiv nicht losgelassen und zufrieden, sondern angespannt und gestresst. Sie werden feststellen, dass die meisten der Pferde, die bei der Grußaufstellung mit den Hinterbeinen hin und her trippeln, in der Prüfung auch nicht losgelassen sind.

Der Fight or Flight Instinkt ist also dafür da, dem Pferd das Leben zu retten, er schafft perfekte Voraussetzungen für eine Flucht oder einen Kampf, hat jedoch negative Auswirkungen auf die Gesundheit des Pferdes. Wir wissen jetzt, dass der Normalzustand/die Entspannung erst wieder eingeleitet wird, wenn das Pferd der Gefahr/Bedrohung entkommen ist.

Aber was, wenn das für etliche Pferde nie der Fall ist? Was, wenn die heutige Art Pferde zu halten und zu trainieren dazu führt, dass diese Pferde in einem Zustand der permanenten Anspannung verharren? In Erwartung der nächsten schlimmen Erfahrung?

Das würde bedeuten, dass diese Pferde einen dauerhaft erhöhten Cortisolspiegel haben, wodurch das Immunsystem unterdrückt wird und keine Abwehrkräfte zur Verfügung stehen.

Es würde bedeuten, dass der Verdauungstrakt permanent nur mangelhaft versorgt wird und dass diese Pferde sich niemals wirklich entspannen können. Es ist doch einleuchtend, dass die Anfälligkeit für Koliken, Magengeschwüre und Infekte jeder Art dadurch zunimmt.

Wir müssen als Reiter also zwei Dinge unbedingt verhindern: Zum einen, dass unser Pferd in Panik gerät und zum anderen, dass es ein latent erhöhtes Stresslevel hat.

Das Stresslevel zu senken gelingt uns unter anderem, in dem wir die im Kapitel Pferdehaltung empfohlenen Ratschläge befolgen, also etwa auf die Boxenverteilung und Herdenzusammenstellung achten und das Pferd jeden Tag auf die Weide zu bringen.

Indem wir das Training durchdacht aufbauen und das Pferd zu keinem Zeitpunkt überfordern.
Indem wir stets gewährleisten, dass das Pferd frei von körperlichen Schmerzen oder psychischem Stress ist und:
Indem wir versuchen, die generelle Stresstoleranz des Pferdes zu erhöhen.
Um einen Zustand der blinden Panik möglichst zu vermeiden, sollten wir zudem alles daransetzen, für unser Pferd eine verlässliche Führungsfigur zu werden. Wie ich vorhin schon ansprach, ist der Herdentrieb des Pferdes noch stärker ausgeprägt als der Fluchtinstinkt. Das ermöglicht uns, für unser Pferd zu einem Partner zu werden, dem es in jeder Hinsicht vertraut und von dem es sich in einer kritischen Situation beruhigen lässt. Es ist gar nicht so schwierig, wie es klingt - man darf dieses Vertrauen bloß niemals missbrauchen.

2.2 Die verlässliche Führungsfigur

„Auf ein Pferd, das aus Angst gehorcht, ist kein Verlass. Es wird immer etwas geben, vor dem es sich mehr fürchtet als vor dem Reiter. Wenn es aber seinem Reiter vertraut, wird es ihn fragen, was es tun soll, wenn es sich fürchtet."
Antoine de Pluvinel (1555-1620)

Wie ich schon berichtete waren die Pferde meiner Kindheit die Pferde meiner Großmutter. Als Ostpreußin kamen ihr da in erster Linie Trakehner und Vollblüter oder Hannoveraner mit hohem Blutanteil in den Stall. Alle

Pferde, an die ich mich erinnern kann, waren schwer an den Zügel zu reiten, schreckhaft, sehr schnell sehr hochgefahren und extrem schwer anzuhalten, wenn sie einmal am Rennen waren. Das galt ausnahmslos für alle Reiter unter uns - außer für meine Großmutter. Bei ihr sprang fast nie mal ein Pferd zur Seite, ihr ging kein Pferd durch, es lief unter ihr auch kein Pferd mit hochgerissenem Kopf und weggedrücktem Rücken durch den Wald. Mit meiner Großmutter im Sattel verwandelten sich dieselben Pferde, die mit uns Kindern im Wesentlichen machten, was sie wollten, in zufrieden schnaubende, brave, folgsame Paradepferde.

Es hieß immer, sie habe eben „den goldenen Hintern" und das ist natürlich möglich, aber ich glaube, dass es auch noch etwas anderes war: Meine Großmutter wirkte im Umgang mit den Pferden immer wie jemand, der ganz genau weiß, was er tut. Wenn sie mit den Tieren am Boden umging, genauso wie wenn sie ritt, war nicht die kleinste Unsicherheit zu spüren. Für mich war es vollkommen undenkbar, dass mir im Beisein meiner Großmutter irgendetwas Schlimmes mit den Pferden passieren könnte. Ich hatte allergrößtes Vertrauen zu ihr und ich glaube, den Pferden ging es genauso. Ihre Sicherheit, Ruhe und Konsequenz überzeugte die Pferde von ihrer Führungsqualität und sie vertrauten ihr blindlings.

Bei uns Kindern kamen den Pferden hingegen offenbar Zweifel, ob man als Pferd gut beraten war, uns sein Leben anzuvertrauen. Indem wir die Pferde führten, Hufe geben ließen und beim Reiten Tempo und Richtung vorgeben wollten, erhoben wir aber den Anspruch, führen zu wollen. Die Pferde bekamen dabei wohl kein sicheres Gefühl vermittelt und entschieden, uns lieber nicht als Führungsfiguren zu betrachten. Wir konnten zwar immerhin für ausreichend Leckerlis sorgen, das genügte aber nicht, um uns das Vertrauen oder auch nur den Respekt unserer Pferde einzubringen. Im Gegenteil, selbst die höflicheren von ihnen machten sich einen Spaß daraus, uns am Strick durch die Gegend zu ziehen, die letzten Meter zur Koppel vorzulaufen und beim Reiten vor unsichtbaren Gefahren mit riesigen, unvorhersehbaren (da die Gefahr unsichtbar war) Sätzen zur Seite zu springen. Wenn wir dann mit ihnen schimpften, schauten sie, als könnten sie kein Wässerchen trüben und man konnte förmlich hören, wie sie dachten: „Nein, wirklich! Da war ein riesiger Löwe hinter dem Busch! Ich habe uns quasi gerade das Leben gerettet! Und neben dem Briefkasten stand ein Geist, ehrlich!" Es ist wahrscheinlich, dass sie zur Seite sprangen, weil sie wirklich eine Gefahr wahrzunehmen meinten und wir ihnen einfach nicht die nötige Sicherheit geben konnten, um souverän daran vorbeizumarschieren.

Das erklärt möglicherweise auch, warum einige Pferde unter ihrem Besitzer sehr mutig und entspannt sind, aber sofort alle Register ziehen, sobald ein fremder Reiter im Sattel sitzt - von einfach stehen bleiben über scheuen und bocken bis zum Durchgehen: diese Pferde testen die Eignung des neuen Reiters als Leitfigur. Ich kenne auch etliche Beispiele, wo es den Besitzern selbst nicht gelingt, von ihren Pferden, als eine verlässliche Führungsfigur wahrgenommen zu werden - meist, weil das nötige Pferdewissen und Selbstbewusstsein fehlt aber durchaus auch aufgrund körperlicher Einschränkungen des Reiters/Besitzers.

Unter anderem behandelte ich das Pferd einer chronisch erkrankten Frau, die wirklich alles für ihr Pferd tat. Sie liebte es abgöttisch und gab sich die allergrößte Mühe, alle Ratschläge und Regeln genauso zu befolgen, wie es richtig ist, trotzdem wurde sie von ihrem Pferd nie als Führungsfigur akzeptiert. Die Krankheit der Frau brachte es mit sich, dass sie immer wieder einmal ohnmächtig wurde und manchmal ihre Bewegungen nicht richtig kontrollieren konnte. Obwohl sie in Anwesenheit ihres Pferdes nicht ein einziges Mal in Ohnmacht gefallen war, spürte das Pferd ihre körperliche Einschränkung und Unsicherheit und reagierte darauf mit Abwehr, Angst und Skepsis. Es ließ sich nicht von ihr einfangen, stand nicht beim Satteln und Trensen und lief ihr weg. Einige Miteinsteller in dem Reitstall, in dem sie mit ihrem Pferd stand, verbreiteten das Gerücht, sie würde das Pferd misshandeln und es habe daher Angst vor ihr. Das war natürlich grober Unsinn, das Pferd reagierte lediglich auf die Krankheit und die mit dieser Krankheit einhergehende Unsicherheit der Frau - der es im Übrigen das Herz brach, dass ihr Pferd trotz all ihrer Bemühungen keinerlei Vertrauen zu ihr fasste. Die grässlichen Bemerkungen von den anderen Reitern müssen unerträglich für sie gewesen sein.

An dieser Stelle daher kurz eine Anmerkung: beteiligen Sie sich nicht an den in den heutigen Reitställen so verbreiteten Gerüchte - und Lästerrunden. Wenn Ihnen etwas auffällt, was zulasten des Pferdewohles geht, sprechen Sie den Betreffenden offen, direkt und höflich an, aber reden Sie nicht hintenrum über andere Reiter und verbreiten Sie keine Gerüchte. Das ist in höchstem Maße unreiterlich und ein weiterer Hinweis darauf, dass die Reiterei sich immer weiter von dem entfernt, was sie einmal war: Eine ehrenhafte, hoch angesehene Kunst, die zu erlernen Selbstdisziplin, Respekt und aufrechtes Verhalten voraussetzte.

Ein anderes Beispiel zu diesem Thema ist das folgende:

Ein sehr erfahrener Reiter und Pferdetrainer sollte mir ein vierjähriges Pferd vor longieren. Das Pferd war völlig aus dem Häuschen und trabte keinen einzigen normalen Trabtritt, sondern lief in Spannungstritten mit hocherhobenem Kopf um ihn herum, sodass ich rein gar nichts beurteilen konnte. Er entschuldigte sich und sagte, das Pferd sei, sobald er im Sattel säße, das ruhigste und gelassenste Pferd der Welt. Um das zu zeigen und weil ich den Bewegungsablauf an der Longe so auch wirklich nicht beurteilen konnte, sattelte er und ritt mir das Pferd vor. Und wie er vorhergesagt hatte, war keine Spur von Anspannung oder Aufregung mehr in dem Pferd erkennbar, die Spannungstritte waren wie weggeblasen, das Pferd wie ausgetauscht.

Ich wunderte mich während der gesamten Fahrt nach Hause darüber, dass dieser erfahrene Pferdemann das Pferd an der Longe nicht hatte ruhig halten können, da in der Vergangenheit wirklich absolut jedes Pferd in seiner Gegenwart ruhig und gelassen gewesen war. Die Tatsache, dass das Pferd nur an der Longe unter Spannung zu sein schien und unter dem Sattel entspannt wirkte, brachte mich schließlich auf des Rätsels Lösung: Der Trainer war zwei Jahre zuvor bei der Arbeit an der Longe von einem jungen Pferd mit dem Hinterhuf am Kopf getroffen worden und hatte diesen Vorfall nur knapp überlebt. Ganz offensichtlich

hatte das Erlebnis bei ihm unterbewusst und verständlicherweise ein ungutes Gefühl hinterlassen, was die Arbeit junger Pferde an der Longe betraf und diese Unsicherheit hatte sich in diesem Fall auf das Pferd übertragen. Sobald er auf dem Pferderücken saß, war die negative Verknüpfung nicht vorhanden, die Unsicherheit somit umgehend verflogen und mit ihr eben auch die Unsicherheit und Anspannung des Pferdes:
Im Sattel vermittelte er sofort wieder die Gelassenheit und Souveränität, die ihn zu so einem hervorragenden Reiter und Trainer machten. Es war wirklich erstaunlich zu sehen, wie direkt das Pferd auf die (unbewusste!) Anspannung des Trainers reagierte.
Was zeigt: Der weitaus größte Teil dessen, worauf unsere Pferde reagieren, ist uns überhaupt nicht bewusst.
Um von Ihrem Pferd nun aber als besonders souverän, mit großer Übersicht ausgestattet und gelassen wahrgenommen zu werden und somit als jemand, dem es vertrauen und folgen kann, ist es absolut unerlässlich, genau das zu sein: konsequent, souverän, gelassen.
Und das erfordert ein großes Maß an Selbstbeherrschung.
Jeder Reitanfänger kennt den Ausspruch „Du darfst keine Angst haben, Pferde merken das!".
Das stimmt und gilt übrigens nicht nur für Angst, sondern für alle Gefühle. Ihr Pferd spürt durchaus auch, wenn Sie genervt sind oder schlechte Laune haben oder traurig sind. Wenn Sie das Ziel haben, für Ihr Pferd eine sichere Führungsfigur zu werden oder gar Ihrem Pferd helfen möchten, selber souverän und selbstbewusst zu werden, sind

Angst und Unsicherheit die beiden Gefühle, die Sie am dringendsten vermeiden sollten.
Wie ich schon erklärt habe, orientieren sich Pferde in der Herde immerzu an den anderen Herdenmitgliedern und allen anderen Tieren in der Umgebung. Angst oder Unruhe bei anderen wird sofort registriert und ausgewertet. Gibt es Anlass zur Flucht? Passiert gleich etwas Schlimmes? Droht Gefahr?Je nachdem, zu welchem Ergebnis das Pferd kommt, wird es ebenfalls in Angst oder Unruhe verfallen. Die Sinne des Pferdes sind daher in ganz erheblichem Maße darauf ausgerichtet, kleinste Änderungen in der Stimmung oder des Gefühls bei anderen „lesen" zu können.
Ich möchte zur Verdeutlichung dieses für mich absolut essenziellen Punktes von einem Experiment berichten:
Für diesen Versuch wurden Reiter mit Gurten zur Messung des Herzschlages versehen und führten und ritten Pferde, die ebenfalls solche Messgurte trugen. Die Aufgabe bestand darin, mit dem Pferd eine Reitbahn zu umrunden, auf deren einer Seite eine Person mit einem zusammengeklappten Regenschirm stand. In den ersten Runden wurde weiter nichts getan und der Herzschlag von Reiter/Führperson und Pferd war ruhig. Dann wurde den Reitern/Führpersonen gesagt, dass die Person mit dem Schirm, wenn sie das nächste Mal an ihr vorbeikämen, den Regenschirm ruckartig aufspannen würde. Der Herzschlag der Reiter/Führpersonen stieg daraufhin signifikant an, als sie das nächste Mal auf die Person mit dem Schirm zukamen - und damit in gleichem Maße der Herzschlag der Pferde.
Obwohl der Regenschirm nicht ein einziges Mal tatsächlich aufgespannt wurde und sich für die Pferde optisch gar nichts

verändert hatte, erhöhte sich der Herzschlag der Pferde parallel zu dem des Reiters/der Führperson.
Die Pferde wussten nichts davon, dass der Schirm aufgespannt werden sollte, sie reagierten allein auf die Anspannung der Menschen, denen gesagt worden war, dass es beim nächsten Vorbeigehen einen Schreckmoment für das Pferd geben würde.
Es wird also deutlich, dass der Spruch „Du darfst keine Angst haben, Pferde merken das" noch eher eine Untertreibung ist. Das Pferd passt die eigene Anspannung und Erwartung der des Menschen an und das wiederum zeigt, warum wir als Reiter die Möglichkeit haben, für unser Pferd ein verlässlicher und vertrauenswürdiger Partner zu werden:
Wir können, indem wir unsere Ausgeglichenheit, Ruhe und Furchtlosigkeit auf das Pferd übertragen, von dem Pferd als jemand wahrgenommen werden, auf den man sich auch in kritischen Situationen verlassen kann und den Spieß quasi umdrehen.
Das Experiment unterstreicht allerdings auch, wie wichtig Selbstbeherrschung in jeder Hinsicht im Umgang mit Pferden ist. Wie entscheidend es zum Beispiel ist, nicht mit dem Pferd etwas Schwieriges trainieren zu wollen, wenn man selber gerade schlecht gelaunt oder genervt ist. Eine schlechte Erfahrung kann alles zerstören, was Sie sich mühsam aufgebaut haben. Und es ist mir ganz wichtig, dass wirklich jeder Reiter folgendes versteht:
Es wird niemals gelingen, ein Pferd mit Druck, Gewalt und Zwang zu einem verlässlichen Partner auszubilden. Einmal ganz abgesehen von den erheblichen physischen und

psychischen Schäden, die ein Pferd durch ein solches Vorgehen erleidet, wird es beständig und immer in einem Zustand der Anspannung und Angst verharren, niemals loslassen und entspannen und ganz bestimmt eines Tages etwas finden, wovor es mehr Angst hat als vor dem Reiter. Und dann hat dieser Reiter keinerlei Möglichkeit mehr, auf sein Pferd einzuwirken.

Denken wir noch einmal an die Geschichte mit dem Kutschpferd meines Vaters: einmal abgesehen davon, dass dieses Pferd ganz offenbar nicht mit positiver Verstärkung und auf Basis von Vertrauen ausgebildet worden war: - wäre mein Vater für das Pferd zumindest eine verlässliche Führungsfigur gewesen, hätte der Klang seiner Stimme sehr wahrscheinlich gereicht, um es so weit zu beruhigen, dass man es hätte anhalten und das Insekt entfernen können, **bevor** das Pferd in den Flight Modus geriet.

Das höchste Ziel eines Reiters sollte es sein, die Person zu werden, die das Pferd fragt, was es tun soll, wenn es Angst hat. Die Person zu sein, der das Pferd folgt, ohne zu zögern, weil es sich zu hundert Prozent auf sie verlässt. Das ist eine große Verantwortung, aber es ist die einzige Basis für eine echte Partnerschaft mit dem Pferd.

Dazu noch eine Anmerkung: Es kann gut sein, dass Ihr Pferd Sie als Möhrchengeber toleriert und schätzt, dass es sich wirklich immer freut, Sie zu sehen und etwas mit Ihnen zu unternehmen. Aber das heißt leider nicht automatisch, dass Sie wirklich zu einer souveränen Führungsfigur geworden sind. Viele Reiter glauben, ihr Pferd würde sich wohler fühlten und sie mehr respektieren, je netter sie zu ihm sind - das ist leider nicht ganz richtig. Freundlichkeit im

Umgang mit dem Pferd sollte selbstverständlich sein, aber noch wichtiger als der „nette" Mensch und die Leckerlis sind für ein Pferd ganz klar Führungsqualitäten.

Nehmen wir das Beispiel der „Gespenster Ecke", die wohl in den meisten Reithallen zu finden sein wird: Wenn ich mir so anschaue, welche Pferde da scheuen, sind es interessanterweise immer die mit den unsicheren Reitern. Die Reiter selber würden sich nicht als unsicher bezeichnen, im Gegenteil, viele von ihnen haben jahrelange Erfahrung im Umgang mit Pferden und reiten seit ihrer Kindheit. Sie würden sich als erfahrene, fähige Reiter beschreiben und das stimmt wahrscheinlich sogar. Trotzdem scheuen ihre Pferde vor unsichtbaren Gefahren. Das heißt, die Reiter mögen reiten können, in der Wahrnehmung ihres Pferdes macht sie das jedoch nicht automatisch zu einer Führungsfigur. Diese Reiter tragen mit ihrem Verhalten dazu bei, indem sie unter anderem folgendes tun: Sie klopfen und loben ihr Pferd immer dann, wenn es gerade scheut.

Sie kommen also zu der gefährlichen Ecke, erwarten im Zweifel schon das zur Seite springen ihres Pferdes und sprechen „beruhigend" auf es ein, in der Annahme, dem Pferd damit Sicherheit zu geben. Leider bestätigt und lobt der Reiter in dieser Situation aber die „Furcht" und reagiert auf das ängstliche Verhalten des Pferdes, das heißt: Er führt nicht.

Das Klopfen und Loben ist elementar wichtig, aber eben erst, nachdem Sie an der gefährlichen Ecke vorbei sind. Während das Pferd auszuweichen, „zu fliehen" versucht, bleiben Sie lieber mit den Beinen am Pferdebauch, umschließen es, geben ihm Sicherheit durch den bestätigenden und stetigen Druck ihrer Beine und ihres Gewichtes. Bleiben Sie im Trab sitzen und sagen Sie etwas Aufmunterndes, wie: „Komm! Auf geht's“, in einer kräftigen Stimmlage. Nicht hilfreich hingegen ist ein lang gezogenes: „Ist guuut, braaaaaaves Pferd, suuuuuuper!“. Seien Sie davon überzeugt, dass die Ecke nicht schlimm ist und keinerlei Fluchtreaktion Ihres Pferdes auslöst und wenn es trotzdem zögert, ermuntern Sie es wie oben beschrieben. Loben Sie in jedem Fall erst einige Meter weiter, je weniger Aufregung die gefährliche Ecke bei Ihnen auslöst, desto sicherer wird Ihr Pferd.

Pferde testen regelmäßig, ob der Mensch noch als Leittier taugt, Scheuen kann dann solch ein Test sein und es gibt unsichere, eher ängstliche Pferde, die diesen Test sogar täglich durchführen.

Ruhe zu bewahren und gelassen zu bleiben ist somit die wichtigste Aufgabe des Reiters, denn wenn Sie anfangen, sich mit Ihrem Pferd über die Ecke zu „streiten“, sind Sie schon nicht mehr derjenige mit der größten Konsequenz und Übersicht und somit auf gar keinen Fall die Führungsfigur. Wenn es gar nicht anders geht, steigen Sie kurz ab und machen etwas Bodenarbeit oder beschäftigen Sie Ihr Pferd anderweitig, bis es Ihnen freiwillig folgt und versuchen Sie es dann noch einmal. Oder, wenn es so ein Tag ist, an dem es einfach nicht funktioniert, lassen Sie es gut sein. Steigen Sie ab und stellen Sie Ihr Pferd auf die Wiese, auf gar keinen Fall darf man sich „Festziehen“.

Achten Sie daher auch darauf, mit welcher Laune Sie auf Ihr Pferd steigen. Wenn Sie ohnehin schon angespannt sind, weil beruflich und privat gerade alles nervt, machen Sie einen

Ausritt oder longieren Sie ausnahmsweise, aber versuchen Sie keinesfalls, die fliegenden Wechsel zu üben, die Ihr Pferd noch nicht sicher beherrscht. Das ist wirklich wichtig, denn: Sie haben es in der Hand, ob Ihr Pferd Sie als besonnene, verlässliche Führungsfigur wahrnimmt oder eher als Sicherheitsrisiko, das nur toleriert wird, weil es die Karotten liefert. Es hängt von Ihnen ab, ob Sie den nötigen Pferdeverstand, genügend Wissen über das Pferd, Ruhe, Gelassenheit und Souveränität im Umgang mit Ihrem Pferd beweisen, um zu einer echten Führungsfigur zu werden. Wenn Ihr Pferd auch in schwierigen Situationen ruhig und besonnen und „bei Ihnen“ bleibt, haben Sie es geschafft. Das ist dann eine Basis, auf der Sie ein Pferd erfolgreich und gesund erhaltend trainieren können.

Die folgende Geschichte aus dem Leben meiner Großmutter zeigt noch einmal, wie wichtig Pferdeverstand und eine Führungsfigur zu sein werden kann: Als junge Frau im Zweiten Weltkrieg musste sie aus Ostpreußen vor der Roten Armee fliehen, wie so viele andere Menschen auch und es wurde ein Treck gebildet, der von meiner Großmutter angeführt wurde. Kinder, Frauen und alte Menschen saßen zusammengepfercht auf einem Zug aus Pferdegespannen. Jedes Pferd, das irgendwie laufen konnte, wurde angespannt, manche zum ersten Mal in ihrem Leben und es waren Leiterwagen, Planwagen und richtige Kutschen darunter, Mehrspänner, Einspänner, junge und alte Pferde. Die Menschen konnten nicht wählerisch sein, sie mussten so schnell wie möglich weg. Ich vermute, alleine die Ruhe und Ordnung in einer solchen Zusammenstellung aufrechtzuerhalten, bedurfte großer Führungsqualität. Eines

Tages stand dieser Treck nun an der Elbe und die einzige Möglichkeit weiterzukommen, war: die Fähre zu nehmen.
Nun hatte allerdings keines der Pferde jemals zuvor ein Boot bestiegen und offenbar hatte auch keines von ihnen vor, das an diesem Tag zu ändern. Es kam zu einem gefährlichen Chaos aus scheuenden Pferden, querstehenden Wagen und schreienden Menschen. Meine Großmutter sprach, so ist es überliefert, ein Machtwort, woraufhin das Geschrei verstummte und machte sich dann daran, die Pferde eines nach dem anderen auf die Fähre zu bugsieren. Es war offenbar der Resolutheit und dem Pferdeverstand meiner Großmutter zu verdanken, dass an diesem Tag alle Pferde, Menschen und Wagen heil auf der anderen Seite ankamen. Hätte meine Großmutter nicht den nötigen Pferdeverstand und die Führungsfähigkeit gehabt, um die Pferde überzeugen zu können, das Boot zu betreten, hätte es sehr wahrscheinlich Verletzte gegeben und viele der Menschen hätten nur ohne Pferd und Wagen übersetzen können und damit auch noch ihr letztes gerettetes Hab und Gut verloren.
Versuchen Sie, eine solche Leitfigur für Ihr Pferd zu werden, Sie werden sehen, wie viel einfacher alles wird und wie viel mutiger Ihr Pferd Ihnen plötzlich erscheint.
Auch wenn Selbstbeherrschung, viel Geduld und Disziplin notwendig sind, um dieses Ziel zu erreichen, es lohnt sich wirklich. Das Vertrauen des Pferdes zu gewinnen, ist dafür erst einmal die Grundvoraussetzung.

2.3 Vertrauen und das souveräne Pferd

Für jede Arbeit, die Sie als Reiter mit Ihrem Pferd beginnen, sollte also Vertrauen die erste Basis bilden. Ihr Pferd muss Ihnen vertrauen können, denn nur wenn es das tut, können Sie als Reiter dazu beitragen, ihm Selbstbewusstsein und Souveränität zu geben. Nur dann, wenn Ihr Pferd selbstständig denkt, die Aufgaben selber versteht und aus sich selbst heraus motiviert ist, sie zu absolvieren, haben Sie einen verlässlichen Partner in ihm. Dann können auch Sie Ihrem Pferd vertrauen und damit ist Reiten dann das, was es eigentlich sein soll: echtes Teamwork.

Anders ausgedrückt: Ich möchte, dass mein Pferd ein souveräner, mutiger, selbstbewusster Teamkollege ist und kein verängstigtes, unter Hochspannung stehendes Nervenbündel oder ein abgestumpfter Roboter, der nur noch tut, wozu er gezwungen wird und der sich ansonsten vollkommen aufgegeben hat. Wir als Reiter haben es in der Hand, was aus unseren Pferden wird: das Erste, Zweite oder Dritte.

Ich verstehe ja, dass jemand, der Reiten lernt wie andere Tennis, dem ein fertig geputztes, getrenstes und gesatteltes Pferd (Sportgerät) hingestellt wird und dem man dann bloß noch erklärt, wie man lenkt, bremst und Gas gibt, die Bedeutung dieser Erkenntnis nicht erfassen kann. Bei all jenen, die täglich mit Pferden zu tun haben, die unter Umständen gar mit dem Reiten ihren Lebensunterhalt verdienen, sollte man aber ein Grundverständnis über das Wesen des Pferdes erwarten können und es sollte klar sein, dass man ein Pferd mit Zwang und Druck nicht „ausbildet“, sondern lediglich unterwirft.

Wir haben uns zuvor mit dem Fight or Flight Instinkt beschäftigt und ich habe erläutert, dass Pferde, um Gefahren möglichst aus dem Weg zu gehen, außerordentlich sensible Sinne und ein exzellentes Gedächtnis haben. Für das Pferd kann es, evolutionsbiologisch gesehen, lebensrettend sein, sich schlechte Erfahrungen zu merken und deshalb tut es genau das. Das Vertrauen eines unverdorbenen Pferdes zu gewinnen, ist wirklich einfach. Das Vertrauen eines Pferdes mit schlechten Erfahrungen zurückzugewinnen, ist hingegen eine sehr schwierige Aufgabe und gelingt absolut nicht immer. Pferde, die mit Zwang und Strafen „erzogen“ wurden, werden, ähnlich wie Hunde oder Menschen, teilweise durchaus aggressiv und gefährlich.

Ich selber habe vor einigen Jahren in Deutschland einen Hengst gekauft, der aus Spanien importiert worden war und der offenbar ganz grausame Erlebnisse hinter sich hatte. Die Verkäuferin hatte ihn nur einige Wochen und sagte, sie müsse ihn wieder verkaufen, weil sie selbst aus „gesundheitlichen Gründen nicht mehr reiten“ könne. (Das scheint übrigens heute eine sehr häufige Begründung zu sein, wenn Pferde nicht mehr gewollt sind - aufgepasst beim Pferdekauf!)

Sie versicherte, das Pferd sei das liebste Geschöpf auf der Welt und vollkommen unkompliziert. Ich glaubte das erst einmal, da ich es unhöflich finde, den Menschen von vorneherein Unaufrichtigkeit zu unterstellen. Als ich zu dem vereinbarten Termin kam, um mir das Pferd anzusehen, war es nicht mehr im Stall, sondern nach Aussage anderer

Einsteller bereits seit eineinhalb Stunden in der Reithalle, wo die Bereiterin es offenbar „gefügig“ machte.
Das Pferd war klitschnass, hatte weit aufgerissene Nüstern, atmete schwer und hatte Striemen auf dem Bauch. Die Bereiterin hatte ihm die Nase so sehr auf die Brust gezogen, dass es durch „Stirnrunzeln“ und Aufreißen der Augen versuchte, einigermaßen sehen zu können, wohin es lief. Der Schaum, der sich an dem zugeschnürten Maul bildete, war definitiv nicht mehr weiß. Ganz offensichtlich hatte die Reiterin panische Angst vor dem Pferd, denn sie deutete jeden auch nur minimal untaktmäßigen Schritt, als Versuch sie abzuwerfen -riss dem armen Tier sofort im Maul, haute es mit der Gerte und trieb ihm die Sporen in den Bauch.
Das Pferd war außerdem hinten rechts lahm, was die Bereiterin zu verdecken versuchte, indem sie einen „starken Trab“ nach dem anderen ritt.
Das Pferd war zu diesem Zeitpunkt gerade einmal drei Jahre alt. Es war ein ganz und gar grauenhafter Anblick. Ich beendete das gruselige Schauspiel, in dem ich behauptete, ich wolle nun selber einmal Probe reiten, lehnte die Rädchensporen und die lange Gerte der Bereiterin ab und stieg nur der Form halber für zwei Runden auf, trabte einmal an und stieg dann wieder ab. Für mich war klar, dass wir das Pferd nicht kaufen würden. Während ich dort stand und mit der Bereiterin sprach, kam der Hengst ganz langsam von hinten an mich heran und schob vorsichtig seinen Kopf unter meinen Arm. Er verkroch sich bei mir. Mir tat das Pferd von ganzem Herzen leid und es brach mir wirklich das Herz, ihn dort zu lassen, aber ich war entschlossen, ihn nicht zu kaufen. Es war mehr als deutlich, dass dieses Pferd

komplett überfordert und misshandelt worden war und möglicherweise beschlossen hatte, sich zu wehren. Ich suchte aber nach einem kinderfreundlichen Verlasspferd (ja, auch Hengste können kinderfreundliche Verlassspferde sein …) und ich wusste aus vielfältiger Erfahrung, wie gefährlich Pferde werden können, die kein Vertrauen mehr in den Menschen haben. Ich ging also zu der Bereiterin und teilte ihr mit, dass ich eine Strafanzeige gegen die Besitzerin auf den Weg bringen, das Pferd aber nicht kaufen würde. Die Bereiterin sah mich flehend an und flüsterte: „Dieses Pferd hat gerade bei Ihnen Schutz gesucht. Nehmen Sie es bitte mit!"

Ich unterschrieb seufzend den Kaufvertrag, verlud den Hengst und fuhr ihn nach Hause.

Das Pferd hatte großflächige Vernarbungen in den Maulwinkeln. Er hatte panische Angst vor Besen, Schaufeln, Hunden, Menschen, Peitschen und engen Räumen. Wenn man mit Sattel und Trense kam, ging er sofort in den Kampfmodus über, schoss mit gefletschten Zähnen auf uns los und schlug gezielt mit Vorder- und Hinterbeinen. Ebenso, wenn man auch nur in die Nähe seiner Ohren oder generell des Gesichtes kam. Hufe geben war nur mit größter Vorsicht und Geduld möglich, ebenso wie das Putzen an bestimmten Körperstellen. In den ersten Monaten bei uns brach das Pferd einem Tierarzt die Hand und einem Schmied den Unterarm und fügte außerdem zwei weiteren Schmieden erhebliche Bissverletzungen zu. Es wurde schwierig, noch einen Schmied zu finden, der bereit war, es mit ihm zu versuchen. Ich ließ ihn legen, damit er später mit anderen Pferden zusammen auf die Weide würde gehen können, was aber keinerlei Auswirkungen auf sein Verhalten hatte. Zusammenfassend kann man sagen: Das Pferd war eigentlich nicht normal zu behandeln und wirklich gefährlich, am Boden und unter dem Sattel ein aggressives Nervenbündel.

Ich weiß nicht, was er (außer der fürchterlichen Bereiterin) erlebt hat und will es auch nicht wissen, aber es muss schrecklich gewesen sein. Dass er sich schließlich entschieden hat, uns noch einmal zu vertrauen, war ein großes Geschenk und das Ergebnis jahrelanger Arbeit. Er wurde zu dem freundlichsten und liebsten Pferd, das ich je hatte. Und zu meinem besten Freund. Er ließ sich ohne Sattel und Trense genauso gut reiten wie mit und lief mir hinterher wie ein Hund. Er ging mit uns schwimmen oder grillen oder Lagerfeuer machen. Am meisten liebte er es, wenn man ihm die Ohren kraulte, etwas, das zu Anfang vollkommen undenkbar war. Er wäre, wenn er gedurft hätte, ohne zu zögern mit im Haus eingezogen, aber da hatte mein Mann leider Einwände.

Ich persönlich habe in meinem gesamten Leben noch kein einziges Pferd getroffen, das von Natur aus böse oder aggressiv war, so ein Verhalten ist immer von Menschen gemacht.

Nur: warum sollte man das tun? Wenn man doch mit Freundlichkeit, Ruhe und Konsequenz so viel mehr bekommt? Denn, das ist die gute Nachricht: genauso wie Pferde jede schlechte Erfahrung speichern, speichern sie auch jede Gute. Es ist also ein leichtes, ein Pferd durch positive Erlebnisse lernen zu lassen und es dadurch zu einem mutigen und souveränen Partner zu machen. Ein Pferd unter Anspannung kann hingegen nicht seine bestmögliche Leistung abrufen, nicht loslassen und überhaupt nicht gut lernen. Es sollte somit im Sinne eines jeden Reiters sein, das Selbstbewusstsein und die Souveränität seines Pferdes zu fördern und zu stärken, denn das erhöht deutlich die Stresstoleranz und bringt Pferde dazu, auch in scheinbar gefährlichen Situationen gelassen zu bleiben.

Souverän wird ein Pferd, weil es die Erfahrung gemacht hat, dass es immer Herr der Lage ist. Das heißt, es wurde noch nie von einem „Raubtier" angegriffen und dabei verletzt oder getötet, es gab wohl „Angriffe", aber es hat diese immer unbeschadet überstanden, die Situation quasi „gewonnen". Je häufiger das Pferd diese Erfahrung macht, desto seltener wird bei der Auswertung von Unruhe oder Angst bei Lebewesen in der Umgebung oder durch jeden anderen Auslöser die eigene Fluchtreaktion einsetzen.

Ein souveränes Pferd kann auch mit einem ängstlichen Reiter ruhig und gelassen und entspannt bleiben.

Es wird sich auch von einem ängstlichen Weidenachbarn, der wegen jeder Böe im Gebüsch ständig panisch mit hochgeklapptem Schweif über die Koppel rennt, nicht dazu bringen lassen, es ihm nachzutun, sondern einmal schauen und weiter grasen.

In gleichem Maße wie das Pferd sich sicher fühlt, wird das Nervensystem entspannen, der Muskeltonus sich normalisieren, das Pferd abschnauben und sich wohlfühlen. Das gilt auf der Wiese, unter dem Reiter, vor der Kutsche oder im Umgang am Boden.

Damit also aus Ihrem Pferd ein souveränes, mutiges Pferd wird, müssen zunächst einmal Sie mutig und souverän sein.

Seien Sie eine verlässliche Führungsfigur. Zeigen Sie Ihrem Pferd verschiedenste „gefährliche Dinge“ und Situationen und bleiben Sie dabei unter allen Umständen gelassen und ruhig. Selbst wenn Ihr Pferd einen Kopfstand macht, Sie dürfen sich nicht aus der Ruhe bringen lassen.
Gehen Sie durch Regenschirme, Wasser, Planen, Flaggen, was immer Sie finden können, um Ihrem Pferd ein Erfolgserlebnis zu beschaffen, indem es eine Gefahr bezwingen kann. Starten Sie dabei unbedingt am Boden und mit geringen Herausforderungen und gehen Sie immer erst einmal vorweg. Wenn Sie einen Hund haben können Sie das Pferd mit auf die Hundespaziergänge nehmen, das bietet viele neue Eindrücke. Vielen Pferden reicht es übrigens schon, wenn an einer gefährlichen Stelle ein Hund vorausläuft, was man sich bei Ausritten durchaus zunutze machen kann, um nicht an jedem Wasserdurchritt absteigen zu müssen und im Zweifel nasse Füße zu bekommen.

Merke: Achten Sie darauf, das Pferd zu keinem Zeitpunkt zu überfordern, weder körperlich noch mental. Das Pferd muss verstehen und verarbeiten können, was es mit der jeweiligen Aufgabe auf sich hat, sonst hat es keinen Effekt.

In diesem Zusammenhang möchte ich kurz auf einen Begriff eingehen, der meiner Meinung nach etwas missbräuchlich genutzt wird: Horsemanship. Die meisten Fehler, die von Reitern im Umgang mit dem Pferd gemacht werden, passieren keineswegs aus Bosheit, sondern aus einem Mangel an Wissen. Die ausschließlich lobenswerte Absicht

der Reiter, ihrem Pferd etwas Gutes zu tun, führt nach meinen Beobachtungen allerdings oft zu einer „Verschlimmbesserung“, das betrifft die Gabe von Zusatzfuttermitteln und homöopathischen Medikamenten, es betrifft aber auch das Thema „Umgang mit dem Pferd“ und hier besonders den Begriff „Horsemanship“.
Ich zitiere aus Wikipedia: „Heutzutage versteht man unter Horsemanship, auch erweitert als „Natural (oder „Good“) Horsemanship“ bezeichnet, die Kunst, mit Pferden natürlich, das heißt pferdegerecht/pferdeverständlich umzugehen. Der Umgang soll vor allem für das Pferd Sinn haben. Das Ziel des Horsemanship ist die harmonische Partnerschaft zwischen Mensch und Tier.“ (https://de.wikipedia.org/wiki/Horsemanship)

Also, ich möchte es einmal vorsichtig so formulieren: entweder ist der Wikipedia Eintrag falsch, oder diese Definition hat sich noch nicht überall herumgesprochen. Oder, auch das ist natürlich möglich, ich habe bisher noch nicht „die echten“ Horsemenshipler getroffen. In der Praxis sieht „natural Horsemanship“ nach allem, was ich gesehen habe, nämlich meistens in etwa wie folgt aus: Pferde werden mit Knotenhalfter und schwerem Führstrick in Richtung der Ladeklappe eines Pferdeanhängers geführt. Dort angekommen wird mit dem dicken Strick gekreiselt, wobei das Ende des Stricks bei jeder Umdrehung an den Bauch des Pferdes klatscht, so lange, bis es einen Schritt in Richtung Hänger macht und dann wieder, bis es den nächsten Schritt macht. Wenn dieser in eine leicht andere Richtung geht, also etwa seitlich ausfällt, wird trotzdem kurz pausiert und dann wird das Kreiseln und Hauen wieder aufgenommen, bis zum nächsten Schritt. Ich habe schon so viele vollkommen verwirrte Pferde vor Hängerrampen stehen sehen, ganz offensichtlich völlig verzweifelt, weil sie schlicht beim allerbesten Willen nicht erraten konnten, was der Mensch jetzt eigentlich von ihnen erwartet.

Ist es dann so weit, dass die Pferde ihrem Unverständnis Ausdruck verleihen oder möglicherweise auch einfach die Nase voll davon haben, ständig auf den Bauch gehauen zu werden, und vielleicht rückwärtsgehen oder steigen, werden sie erst einmal panisch angeschrien. Gleich darauf werden sie in einen Longierzirkel verbracht, während weiter sehr laut mit ihnen „kommuniziert“ wird, um die eigene Unsicherheit und Angst zu kaschieren - und dort werden sie dann Runde um Runde mit hocherhobenem Kopf, weggedrücktem Rücken und panisch aufgerissenen Augen im Kreis gejagt. Zu diesem Zweck wird das dicke Führseil dann als „Peitschenersatz“ zum Scheuchen des Pferdes benutzt.

Ganz ehrlich hat bis jetzt keines dieser Pferde auf mich den Eindruck gemacht, dass es auch nur ansatzweise wüsste, warum ihm das gerade widerfährt oder was es richtig machen könnte, um diese „Erziehungsmaßnahme“ zu beenden. Insofern stellt sich mir die Frage: Was möchte man mit solchen Maßnahmen erreichen?

Ich habe eine ganze Reihe verschiedener Horsemanship-Trainer gefragt, warum das Knotenhalfter in dieser Ausbildungsmethode eigentlich eine so zentrale Rolle spielt. Ich muss zugeben, dass ich vermutete, es würde nur deshalb genutzt, weil die Cowboys in den Westernfilmen so etwas haben und man diesem Vorbild möglichst nahekommen möchte. Vielleicht auch noch, weil keine Schnallen oder Verschlüsse zu und aufgemacht werden müssen und es deshalb etwas von „Freiheit“ hat.

Ich war also fest davon überzeugt, dass den Menschen, die Knotenhalfter nutzen, schlicht nicht klar war, dass es sich ganz und gar nicht um einen pferdefreundlichen, sondern um einen gefährlichen, scharfen Ausrüstungsgegenstand handelt. Unter keinen Umständen hätte ich daher die Antwort erwartet, die ich von all diesen Trainern in ähnlichem Wortlaut zu hören bekam:

Zunächst einmal sei das Ziel des Horsemanship, dass das Pferd lernen solle, den Menschen als „Ranghöher“ zu akzeptieren und sich ihm unterzuordnen. Da der Mensch nun aber eben einfach nicht die Kraft habe, mit einem Pferd zu „kämpfen“ und diesen Kampf zu gewinnen, nutze man das Knotenhalfter. Es eigne sich, so sagte man mir, deshalb so besonders gut für diese Art der „Arbeit“, da es einerseits durch den schmerzhaften Druck der dünnen Schnüre wirke, und zum anderen durch den Druck der harten Knoten in das empfindliche Pferdegesicht. So lasse sich jedes Pferd sehr einfach kontrollieren, eine absolut sichere Sache, um dem Pferd zu zeigen, dass es „nicht der Chef“ sei. Außerdem nutze man das Knotenhalfter, da man über „den präzisen Druck“ schnell das gewünschte Verhalten „loben“ könne, indem der Strick sofort locker würde. Der Druck/Schmerz würde also nur so lange aufrechterhalten, bis das Pferd das gewünschte Verhalten zeige und dann sofort weggenommen.

Das bedeutet also, und das war eine sehr erschreckende Erkenntnis: Diese Menschen wussten ganz genau um die

Einwirkung des Knotenhalfters und es war genau so gewollt.
Daher noch einmal zu Klarstellung: Ein Knotenhalfter ist ein **scharfer Ausrüstungsgegenstand**. Das Pferd ist leicht zu „kontrollieren“, weil es versucht, dem Druck, den das Halfter ausübt, möglichst zu entgehen, indem es die Führperson ganz genau beobachtet und jede Bewegung dieser Person vorauszuahnen bemüht ist. Wenn ich dann so etwas höre wie: „Ich bewege mein Pferd dadurch von Zauberhand“, wird mir ganz anders.
Nein, Sie bewegen Ihr Pferd auf diese Weise keineswegs von „Zauberhand“. Sie fügen ihm im Gegenteil derartig großen Druck zu, dass es verzweifelt nach Möglichkeiten sucht, diesem Zustand zu entkommen. Wenn man mir erklärt, man lehre das Pferd, in dem man den Schmerz/Druck in dem Moment entferne, in dem das Pferd gewünschtes Verhalten zeigt, heißt das außerdem für mich in meinem Verständnis: Man trainiert das Pferd ausschließlich durch negative Verstärkung. Was bedeutet: Ein Lob ist die Abwesenheit von Schmerz und Druck.
Das Argument für diese „Ausbildungsmethode“ war stets, dass „das in der Pferdeherde ja auch so sei“. Also, dass die Rangordnung durch „Bestrafung“ geregelt wird. Ein rangniedriges Pferd wird von einem ranghöheren Pferd so lange gebissen und geschlagen, bis es nicht mehr in dessen Nähe kommt. Und falls doch, reicht dann ein kleines Ohrenanlegen des Ranghöheren, um das andere Pferd auf Abstand zu halten. Dazu möchte ich folgendes anmerken:
Schon als Kind an der heimischen Pferdekoppel und später in Afrika und in den USA ist mir aufgefallen, dass in einer

Pferdeherde keineswegs derjenige den meisten Respekt verdient, der am lautesten schreit, am meisten beißt oder tritt, sondern derjenige mit der meisten Erfahrung und Übersicht und der größten Souveränität.
Die Lieblingsstute meiner Großmutter war zeit ihres Lebens ohne jeden Zweifel der Chef all unserer anderen Pferde, sie musste sich diese Position allerdings in keiner Weise erkämpfen und ich habe sie nie nach einem anderen Pferd treten oder beißen sehen. Es reichte, dass sie zum Beispiel zur Tränke ging, wo sich gerade die anderen Pferde versammelt hatten, und alle wichen zur Seite und machten ihr Platz, damit sie trinken konnte. Sie nutzte das nie aus, indem sie länger trank als nötig, um die anderen zu ärgern oder einfach ein bisschen vor der Tränke herumzustehen und die anderen nicht heranzulassen. (Der spätere Herdenchef tat das sehr wohl und musste zeitlebens darum kämpfen, Chef sein zu können. Die anderen Pferde hatten keinerlei Respekt vor ihm. Sie gingen ihm nur aus dem Weg, weil er aggressiv und penetrant war). Die Stute jagte niemanden von sich weg, sie war einfach unwidersprochen die Klügste und Erfahrenste und dafür wurde sie von allen respektiert.
Die Methode der „Unterordnung“ hat also nicht unbedingt mit Gewalt zu tun. Es handelt sich in meinen Augen zudem nicht um eine Ausbildung oder einen Lernvorgang, sondern um ein Unterwerfen des Pferdes, welches dann letztlich nur aus Angst vor Schmerz und Druck gehorcht: Das Pferd zeigt das gewünschte Verhalten aus Angst, nicht etwa, weil die Methode so toll funktioniert.

Nehmen wir einmal an, die Definition, wie sie bei Wikipedia steht, wäre korrekt: „Heutzutage versteht man unter Horsemanship, auch erweitert als „Natural (oder „Good“) Horsemanship“ bezeichnet, die Kunst, mit Pferden natürlich, das heißt pferdegerecht/pferdeverständlich umzugehen. Der Umgang soll vor allem für das Pferd Sinn haben. Das Ziel des Horsemanship ist die harmonische Partnerschaft zwischen Mensch und Tier.“

Dann sieht es für mich so aus, als müssten eine ganze Menge Menschen noch einmal neu über ihre Methoden nachdenken.

Diese Definition gibt allerdings wieder, was unter „Reiten“ zu verstehen ist, was früher gelehrt wurde und was bis heute gelten sollte: Der Reiter sollte jemand sein, dem das Pferd vertraut und auf den es sich zu hundert Prozent verlässt. Daraus heraus kann der Reiter das Selbstvertrauen des Pferdes so weit aufbauen, dass er sich andersherum ebenfalls zu hundert Prozent auf sein Pferd verlassen kann.

Es sollte nicht das Ziel sein, ein Pferd zu bekommen, welches gehorsam statt souverän ist, welches nur deshalb jede Bewegung des Reiters zu jeder Zeit vorauszuahnen versucht, weil es sich vor dem schmerzhaften Druck von Nylonschnüren, scharfen Gebissen, Gerte oder Sporen fürchtet. Oder aus demselben Grunde bestimmte Lektionen ausführt oder besonders hoch springt.

Warum sollte ein Reiter Druck und Zwang anwenden, wenn er doch die Möglichkeit hat, durch Vertrauen, Geduld und Konsequenz eine verlässliche Führungsfigur für sein Pferd zu werden, der es gerne und freiwillig folgt? Auch ohne jedes Halfter? Warum sollte ein Reiter sein Pferd mit dem Seil

hauen, wenn er es durch Ruhe, Gelassenheit, Belohnung, Lob, Konsequenz und Stärkung seines Selbstvertrauens genauso dazu bringen kann, auf einen Anhänger zu steigen?
Der Reiter sollte erreichen wollen, dass sein Pferd von sich aus gerne in den Anhänger steigt, weil es selbstbewusst und souverän ist und durch positive Verstärkung gelernt hat, dass dort Lob, Anerkennung und meinetwegen auch Futter warten. Es wäre natürlich völlig vermessen und reine Mutmaßung jetzt darüber entscheiden zu wollen, welches Pferd am Ende lieber Anhänger fährt, aber ich persönlich tendiere ganz stark dazu, dem mit positiver Verstärkung aufgebauten Pferd den Zuschlag zu geben.
Ganz gleich, woran Sie mit Ihrem Pferd arbeiten, ob Sie reiten oder fahren oder Bodenarbeit machen: trainieren Sie Ihr Pferd ausschließlich mit positiver Verstärkung und ignorieren Sie unerwünschtes Verhalten.
Das heißt: Loben Sie Ihr Pferd überschwänglich, sobald es etwas richtig macht, feiern Sie es für jede bestandene Mutprobe. Das Selbstbewusstsein Ihres Pferdes steigt in dem Maße, in dem es Bestätigung und Lob erhält, was übrigens bei jedem Lebewesen so ist. Aus allem, was Sie hingegen mit Zwang erreichen, folgt eine negative Verknüpfung.
Ich habe vor einiger Zeit aus dem Auto heraus beim Vorbeifahren beobachtet, wie eine Reiterin ihrem Pferd die Scheu vor Wasser nehmen wollte. Sie hatte zu diesem Zweck eine Plane mit etwas Wasser darauf auf den Reitplatz gelegt. Nun führte sie ihr Pferd darauf zu welches, da es ja Angst vor Wasser hatte, naturgemäß stehen blieb, prustete und mit der Hinterhand auswich. Die Reiterin hielt dagegen, zog den

Strick erst über die Nase und dann, als das nicht half, durch das Maul und machte immer mehr Druck. Ihr Pferd wurde dadurch immer ängstlicher und begann zu steigen. Nun wurde sie wütend und fluchte auf „den sturen Bock“, holte sich eine „Hilfsperson“ mit langer Peitsche und baute rechts und links der Plane eine Gasse aus Stangen auf, sodass das Pferd nicht wegkonnte. Als das geschehen war, zerrte sie das inzwischen vor Angst nass geschwitzte Tier mit panisch aufgerissenen Augen wieder auf die Plane zu, und ließ dabei die zweite Person so kräftig wie möglich auf es einschlagen, sobald es zu steigen versuchte. Bis das arme Pferd in einem Satz der Verzweiflung über die Plane sprang. (Und die Reiterin dabei über den Haufen warf.) Ja, ich habe angehalten, die Reiterin ins Achtung gestellt und eine Anzeige auf den Weg gebracht. Aber darum geht es mir hier nicht, sondern um die Frage, ob Sie glauben, dass die Reiterin ihrem Pferd mit dieser Maßnahme tatsächlich die Angst vor dem Wasser genommen hat? Ich nicht. Es stand ja nicht einmal auf der Plane, geschweige denn im Wasser. Ich persönlich würde eher vermuten, dass sich die Furcht des Pferdes durch dieses Erlebnis nun nicht mehr bloß auf Wasser beschränkt, sondern es zusätzlich noch Angst vor Planen, durch Stangen begrenzte Korridore und Peitschen hat.

Wenn die Person um die Wichtigkeit eines soliden Vertrauensverhältnisses zu ihrem Pferd gewusst und sich die Mühe gemacht hätte, ein solches aufzubauen, hätte sie einfach nur Folgendes zu machen brauchen:

Sie hätte dieselbe Plane auf denselben Reitplatz legen und dasselbe Pferd an einer langen Leine oder Longe gemütlich hinter sich her zockeln lassen. Wäre selber ein paar Mal um die Plane herum und dann hinübergegangen, ohne das Pferd dabei zu beachten, geschweige denn darauf zu achten, ob es ihr auf die Plane folgt. Sie hätte dann eine Weile darauf stehen bleiben müssen und so tun, als hätte sie großes Interesse an der Plane und dem Wasser und dann einfach nur zur Seite gehen, irgendwo anders hinschauen und den Weg frei machen für das Pferd. Nach einigen Minuten (oder Sekunden oder einer Stunde, je nach Pferd) wäre es von selber neugierig auf die Plane zu gegangen und hätte sie sehr wahrscheinlich zunächst beschnüffelt. Kurz darauf hätte definitiv die Neugier gesiegt und das Pferd hätte erst einen Huf und schließlich alle vier auf die Plane gesetzt. Sobald das Pferd dann auf der Plane im Wasser gestanden hätte, hätte sie es überschwänglich loben und dafür feiern müssen, dass es so wahnsinnig mutig war. Mehr nicht.

Wenn Sie diesen Punkt ohne Druck erreichen, also Ihrem Pferd einmal gezeigt haben, dass Sie selbst keine Angst vor der Plane und dem Wasser haben und es dann selber und in seiner eigenen Geschwindigkeit die Plane genau unter die Lupe nehmen durfte und selber entscheiden, dass es darauf gehen möchte, und dann für diese Entscheidung von Ihnen sehr viel Bestätigung und Lob bekommt, wird es dadurch erheblich an Selbstvertrauen gewinnen. Bei der nächsten Herausforderung wird es schon viel mutiger sein.

Sie wären überrascht, wie schnell aus einem ängstlichen Pferd durch solch kleine Maßnahmen ein absolut souveränes, mutiges Pferd wird. Das Gleiche gilt für das Überwinden eines Sprunges, eine Traversale, einen fliegenden Wechsel.

Loben Sie Ihr Pferd, sobald es tut, was Sie gerne erreichen wollten. Ihr Pferd verknüpft die Leistung mit dem Lob und wird sie das nächste Mal gerne wiederholen.

Sie haben die Wahl, ob Sie von Ihrem Pferd als jemand wahrgenommen werden möchten, vor dem man Angst haben, dem man misstrauen und gegen den man sich wehren muss. Oder als jemand, dem man vertrauen kann und mit dem man gerne etwas unternimmt.

Sie haben die Wahl, ob Ihr Pferd das Training positiv verknüpft, ob es gerne Lektionen ausführt oder springt, ob es motiviert und mitdenkend bei der Arbeit ist. Oder ob es schon beim Anblick des Sattels die Ohren anlegt und in die Luft beißt und das Reiten für das Pferd einen ewigen Kampf und Zustand permanenter Anspannung, Abwehr und Angst bedeutet.

Denken Sie an etwas, das Sie gerne mögen, das Ihnen Spaß macht. Vermutlich werden die meisten von Ihnen positive Erinnerungen daran haben, zum Beispiel weil Sie besonders viel Lob dafür bekamen. Es wird in jedem Fall etwas sein, das Sie positiv verknüpfen. Nehmen wir als Beispiel einmal das Marmelade einkochen. Eine ziemlich mühselige und durch das ständig notwendige Rühren durchaus kräftezehrende Arbeit. Man sollte also eigentlich meinen, dass kein Erwachsener das gerne und freiwillig täte, das Gegenteil ist aber offenbar der Fall: Fast jeder Erwachsene kocht gerne Marmelade. Als ich herumfragte, erinnerte es beinahe jeden an Kindertage, in denen die liebe Großmutter in der nach frischer Marmelade duftenden Küche am Topf stand und rührte. Und die einem zur Belohnung dafür, dass man die Marmeladengläser abgespült hatte, eine frische

Scheibe Graubrot mit kalter Butter und noch heißer Marmelade zu essen gab. Im nächsten Jahr durfte man dann schon selber umrühren und man erinnert sich, wie stolz man war, als man noch ein Jahr darauf zum ersten Mal die heikle Aufgabe des Marmelade-in-die-Gläser-füllens übernehmen durfte. Es war eine anstrengende Arbeit, auf die man sich dennoch freute, natürlich auch wegen des Marmeladenbrotes. In erster Linie jedoch wegen der Verantwortung, die einem zugetraut wurde, der Bestätigung und des Lobes, das man dafür bekam. Wäre dasselbe Kind nun stattdessen gezwungen worden, die Gläser zu spülen oder den Topf umzurühren und jedes Mal angeschrien oder bestraft worden, sobald ein Glas nicht vollständig sauber gewesen oder die Marmelade ein winziges bisschen angebrannt gewesen wäre, so hätte der Erwachsene wohl kaum positive Verknüpfungen mit dem Geruch frischer Marmelade, würde vielleicht gar keine Marmelade mehr essen und hätte definitiv nie wieder das Bedürfnis, freiwillig welche zu kochen.

Für Ihr Pferd ist das genauso. Wenn Sie es zu etwas zwingen und bestrafen, wenn es in Ihren Augen etwas falsch macht, wird es das Erlebnis negativ abspeichern und beim nächsten Mal von Anfang an angespannt sein, in Erwartung der nächsten Bestrafung.

Dieser Zustand von Angst und Stress verhindert, dass das Pferd sein ganzes Potenzial entfalten kann. Angst bewirkt, dass sich das Gehirn auf Reptilien - Niveau herunterfährt. Das ist dem Fluchtinstinkt geschuldet und soll dafür sorgen, dass das Pferd, wenn ihm der Löwe gegenübersteht, nicht darüber nachzudenken beginnt, ob es nun nach rechts oder

nach links laufen sollte, sondern dass es einfach sofort wegrennt.
Einem ängstlichen Pferd etwas beibringen zu wollen, ist also ziemlich nutzlos, da das Gehirn gar nicht auf voller Leistung arbeitet und somit überhaupt nicht aufnahmefähig ist.
Zudem wird ein Pferd, welches in Anspannung und Furcht verharrt, natürlich niemals loslassen und infolgedessen nicht nach der Skala der Ausbildung und den Grundsätzen der klassischen Reitlehre gearbeitet werden können.
Blockaden, Erkrankungen des Bewegungsapparates, Verschleiß, Magengeschwüre und Koliken sind häufige Folgen.
Wenn Sie ihrem Pferd nun hingegen ermöglichen, Dinge in einer schönen und entspannten Umgebung kennenzulernen, es immer sofort loben, wenn es gewünschtes Verhalten zeigt und es darin bestärken, sich etwas zuzutrauen, wird es mit jedem Mal mehr Selbstbewusstsein und Mut bekommen. Sie werden feststellen, dass sich ganz nebenbei das Verhältnis zwischen Ihnen und Ihrem Pferd intensiviert:
Nicht nur Ihr Pferd gewinnt Vertrauen zu Ihnen, auch Sie gewinnen Vertrauen zu Ihrem Pferd. Sie werden ein Pferd bekommen, auf das Sie sich ebenso verlassen können, wie es sich auf Sie verlässt, das in brenzligen Situationen selbst Entscheidungen trifft und sie auf diese Weise möglicherweise eines Tages beide rettet. Dem Sie nicht jeden Schritt und jede Richtung vorgeben müssen, weil es mitdenkt und mit Ihnen als perfekt eingespieltes Team funktioniert.
Wenn das erreicht ist, entsteht jenes Bild von perfekter Zusammenarbeit, Harmonie und Leichtigkeit, welches den

Reitsport eigentlich so besonders macht. Dieses Bild ist es, was so viele Menschen in seinen Bann zieht und diesem Bild zu entsprechen, sollte das Ziel eines jeden echten Reiters sein.

Kapitel 3
Wichtiges Grundwissen

3.1 Blockaden

Bevor wir uns dem Training des Pferdes zuwenden möchte ich auf die Begriffe „Blockade", „Ausrenken" und „Einrenken" eingehen. Zuallererst möchte ich dazu folgendes klarstellen: Das Gelenk oder der Wirbel, der von ihrem Chiropraktiker „eingerenkt" wird, ist niemals ausgerenkt. Sollte das tatsächlich einmal passieren, würden Sie definitiv nicht Ihren Chiropraktiker rufen, sondern den besten Not-Tierarzt in Ihrer Gegend, denn dann wären schwerste Verletzungen die Folge. Es würden Bänder und Gelenkkapseln einreißen, Blutgefäße und Muskelansätze abgerissen werden und das umliegende Gewebe insgesamt schwer geschädigt. Im Falle des „Ausrenkens" eines Wirbels würde außerdem das Rückenmark beschädigt oder gar durchtrennt und das Pferd wäre gelähmt oder tot. Der Begriff des „Einrenkens" ist somit nicht nur irreführend, sondern auch sachlich falsch. Ich spreche lieber von Blockaden oder Blockierungen und einem Lösen oder Beheben derselben.

Unter einer Blockade verstehe ich, sehr vereinfacht dargestellt, eine Bewegungseinschränkung oder den vollständigen Bewegungsverlust in einem (oder mehreren) Muskeln oder Gelenken. Dies gilt auch für die Wirbelsäule, denn die Verbindungen zwischen den einzelnen Wirbelkörpern wird ebenfalls aus Gelenken gebildet. Jedes Gelenk des Körpers hat eine eigene Beweglichkeit, manche eine größere, manche nur eine ganz minimale, aber diese individuelle Beweglichkeit muss gewährleistet sein, um eine optimale Funktion aller Abläufe im Organismus zu ermöglichen. Eine Blockade in einem Gelenk geht immer mit einer erhöhten Anspannung der umgebenden Muskulatur einher, welche so lange bestehen bleibt, bis die Blockierung behoben ist. In der Folge kann es durch die dauerhaft erhöhte Anspannung zu Muskelschmerzen kommen.

Ich unterscheide drei Arten von Blockaden:

1. Die Blockade als Schutzfunktion
2. Die kompensatorische Blockade
3. Die organbezogene Blockade

Zu 1. Die Schutzfunktion: Bei plötzlicher, heftiger Belastung drohen schwerwiegende Verletzungen durch Überschreitung der normalen Bewegungsgrenzen, es droht also ein echtes Ausrenken mit den bereits angesprochenen, höchstwahrscheinlich daraus resultierenden schweren Verletzungen. Die Rezeptoren im umliegenden Gewebe senden die Meldung des drohenden Reißens eines Muskels, eines Bandes, einer Sehne oder die drohende Verletzung einer anderen Struktur an das Gehirn, welches die zu dem Gelenk gehörenden Muskeln und Sehnen veranlasst, sich zu verkürzen oder zu verlängern, um eine Beschädigung zu vermeiden und gleichzeitig das entsprechende Gelenk zu fixieren. Das Gelenk wird also genau in der Stellung fixiert, die es zu dem Zeitpunkt der Reaktion des Zentralen Nervensystems innehatte. Der Schutz hat funktioniert: Das Gelenk befindet sich weiterhin innerhalb seiner

physiologischen Grenzen, es konnte sich nicht vollständig verschieben, dank der Blockade.
Der Nachteil ist: Das Gelenk ist in seiner Beweglichkeit eingeschränkt und dieser Bewegungsverlust muss durch andere Teile des Bewegungsapparates kompensiert werden. Die Muskulatur im Bereich der Blockade bleibt unter Anspannung, was zu Übersäuerung und Schmerzen führt. (Verspannte Muskeln komprimieren, wie wir wissen, unter anderem die Blutgefäße, die Versorgung des Muskels sowie der Abtransport von Stoffwechsel-Abfällen ist gestört, der Muskel übersäuert und Schmerz entsteht). In der Folge nimmt das Pferd eine Schonhaltung ein, wodurch wiederum andere Strukturen vermehrter Belastung ausgesetzt sind, welche dann gegebenenfalls durch Überlastung ebenfalls blockieren.
Eine solche Blockade, die ursprünglich einen Schutz vor Verletzungen darstellte, kann leider, wenn sie länger besteht, andere Verletzungen begünstigen. Nehmen wir als Beispiel die Blockaden im Bereich des fünften bis siebten Halswirbels: In diesem Bereich tritt der sogenannte Plexus brachialis zwischen den Wirbelkörpern aus dem Rückenmark aus, ein großes Nervengeflecht, welches im Wesentlichen die Vorhand versorgt. Werden nun durch die Blockade und die damit einhergehende hohe Muskelspannung die Nervenscheiden oder gar die Nerven selbst gereizt, kann das die Reizleitung beeinträchtigen. In der Folge kann es zu einer mangelhaften Versorgung und Durchblutung, sowie fehlerhaften oder verspäteten Kommandos zu Verkürzung und Längenzunahme in den betroffenen Strukturen kommen, wie beispielsweise im

Fesselträger und den Beugesehnen. Sehnen sind immer mit Muskeln verbunden und reagieren je nach Belastung mit Kontraktion oder Längenzunahme. Nehmen wir an, das Pferd vertritt sich und die Rückseite des Vorderbeines wird dadurch überdehnt, so müssen die betroffenen Sehnen, die Beugesehnen in dem Fall, in demselben Moment mit einer Längenzunahme reagieren, da sonst Zerreißungen und Schäden drohen.
Den Ablauf kann man sich vereinfacht so vorstellen: Überall im Gewebe des Körpers sind kleine Nervenzellen verteilt, die die Aufgabe haben, das Zentrale Nervensystem über den Zustand des entsprechenden Gewebes zu informieren. Droht nun unsere oben angenommene Überdehnung, funken diese Zellen also eine Warnung an das ZNS, welches umgehend an die betroffenen Muskeln und Sehnen zurück funkt, sich augenblicklich zu „verlängern", um Zerreißungen zu verhindern. Und in unserem Fall läuft dieses Kommando, also die sogenannte Reizleitung, über besagten Plexus Brachialis. Die Blockierung in den Halswirbeln wirkt sich nun negativ auf das Nervengeflecht aus, bringt die Reizleitung durcheinander und in der Folge zerreißen Sehnenfasern. Das passiert ein paarmal hintereinander und Sie haben einen kapitalen Sehnenschaden. Beziehungsweise eben nicht Sie, sondern das Pferd.
Zur Veranschaulichung: Ein Pferd stürzt, wie es häufig bei Geländeritten zu sehen ist, bleibt also am Hindernis hängen und rollt über Kopf und Hals, wobei es zu einer massiven Überdehnung der Halswirbelsäule, in unserem Beispiel besonders im Bereich des sechsten und siebten Halswirbels kommt. Die Rezeptoren melden eine drohende

Verschiebung des sechsten und siebten Halswirbels und das Gehirn veranlasst die umliegenden Muskeln zur sofortigen Kontraktion, um ein Verschieben der Wirbel und schwere Verletzungen wie etwa eine Beschädigung des Rückenmarks zu verhindern. Die Muskulatur spannt sich an und stellt die Wirbel fest. Dieser Zustand wird nicht von selber wieder gelöst, was bedeutet, die Muskulatur bleibt angespannt, beginnt zu verspannen und zu übersäuern und es entsteht Schmerz. Das Pferd zeigt nun Abwehrreaktionen beim Putzen an Hals und Schulter, lässt sich nicht mehr zu einer Seite (sagen wir nach links) stellen und biegen und wird "unrittig".

Spätestens jetzt sollte natürlich dringend eine Untersuchung und Abklärung erfolgen, ich möchte jedoch an diesem Beispiel einmal weiter aufzeigen, was in der Praxis leider täglich passiert: Das Pferd wird nicht untersucht, sondern stattdessen in die Linksbiegung gezwungen und wird zunehmend steifer und unrittiger. Es kommt zu einer unklaren, ganz leichten Lahmheit im Trab, der Tierarzt wird gerufen und er untersucht das Pferd mit Beugeprobe, Ultraschall und Röntgen, kann jedoch keine Ursache feststellen. Er verordnet ein paar Tage Boxenruhe und Schmerzmittel, dann soll das Pferd wieder gearbeitet werden. So wird es gemacht, das Pferd bleibt steif und "unrittig", der Bereiter nimmt einen Schlaufzügel zu Hilfe, um das Pferd "mal richtig durchzustellen". Nach ein paar Tagen dieses "Trainings" ist das Pferd lahm. Der Tierarzt kommt wieder, dieses Mal ist es eindeutig eine Fesselträgerentzündung. Er therapiert entsprechend und nach einigen Monaten Trainingspause wird das Pferd wieder antrainiert und die immer noch vorhandene Undurchlässigkeit wird „weggearbeitet“. Nach einer Woche ist das Pferd nun auch hinten lahm. Der Tierarzt kommt erneut, kann hinten aber nichts finden, weshalb der Chiropraktiker gerufen wird, welcher „das Becken einrenkt“. Die Lahmheit hinten bessert sich dadurch, jedoch ist nach einer weiteren Woche die Lahmheit vorne wieder da und die Fesselträgerentzündung zurück.

Das ist ein klassischer Fall: Die Fesselträgerentzündung mag auskuriert gewesen sein, aber da die Blockaden in der Halswirbelsäule nicht gelöst worden waren, kam die Entzündung unter Belastung zurück, da die Reizleitung nach wie vor gestört wurde. Die Blockierung des Beckens war eine Folge der Entlastungshaltung des Pferdes gewesen, also nur eine Kompensation.

Womit wir zu 2. kommen: Eine kompensatorische Blockade entsteht, weil eine andere Struktur entlastet wird. Nehmen wir an, Ihr Pferd läuft hinten links nicht ganz klar und Sie rufen den Chiropraktiker, der eine Blockade im linken Kreuzdarmbeingelenk behandelt. Sie sollen zwei Tage Schritt gehen und dann wieder anfangen und als Sie das tun ist Ihr Pferd stocklahm, was es vor der Behandlung nicht war. Sie rufen den Tierarzt und dieser findet eine Entzündung des Fesselgelenks hinten links. Was ist passiert: Die Blockade des Kreuzdarmbeingelenkes war eine Kompensation, um den Bewegungsverlust und die Schonung des schmerzhaften Fesselgelenkes auszugleichen. Als der Chiropraktiker diese Kompensation entfernt hat, kam die eigentliche Ursache mit voller Wucht zum Vorschein.

Das ist übrigens auch der Grund, warum es gefährlich ist, alle Blockaden, die ein Therapeut findet, einfach so zu lösen. Man muss sich vorher ein ganz genaues Bild über den Zustand des Körpers verschaffen und sicher sein, dass man nicht absolut wichtige und dringend benötigte Kompensationen beseitigt.
Zum Beispiel im Falle einer Arthrose in der Halswirbelsäule: Würde man hier die Muskelspannung senken, könnte man erheblichen Schaden anrichten. Der erhöhte Muskeltonus ist in diesem Fall notwendig, um die geschädigten Strukturen zu entlasten und zu stabilisieren. Wäre die Muskulatur nicht angespannt, könnten größere Bewegungsausschläge schnell zu Verletzungen an den arthrotisch veränderten Gelenken führen - die hohe Muskelspannung ist somit eine Kompensation für die Erkrankung der Halswirbelsäule, die das Pferd gleichzeitig vor einer zu starken Belastung der erkrankten und daher anfälligen knöchernen Strukturen schützt.
Zu 3.: Es gibt einen Zusammenhang zwischen Organen und Blockaden. Ein eindrückliches Beispiel ist das folgende: Ich wurde zu einem Hengst gerufen, der beim Deckeinsatz weggerutscht war und nun nicht mehr decken wollte. Die Besitzer hatten zunächst eine Verknüpfung mit der schlechten Erfahrung als Ursache vermutet, da er sich aber nicht sichtbar weh getan hatte, sollten nun auch andere mögliche Ursachen ausgeschlossen werden. Die Untersuchung ergab eine Blockade der Lendenwirbel eins bis drei und beide Hoden des Pferdes waren hochgezogen. Schon wenige Minuten nach dem Lösen der Blockaden kamen beide Hoden wieder zum Vorschein und der Hengst

deckte anschließend wieder ganz normal. Der erste, manchmal auch der zweite und dritte Lendenwirbel stehen in direktem Zusammenhang mit Erkrankungen der Geschlechtsorgane. Auch bei hormonellen Dysfunktionen, Eierstockzysten oder bei Stuten, die nicht aufnahmen, habe ich diese Blockaden immer wieder gefunden. Blockierte Wirbel an einigen Stellen der Brustwirbelsäule können außerdem mit Magenerkrankungen und wiederkehrenden Koliken in Verbindung gebracht werden, Blockaden des Widerrists können Atemwegserkrankungen auslösen. Ähnlich wie bei den wiederkehrenden Sehnenschäden gilt auch hier: Erst wenn das Pferd blockadefrei ist, können die organischen Erkrankungen abheilen.

Blockaden beeinträchtigen aber natürlich auch ganz direkt, mechanisch, den Bewegungsablauf des Pferdes. Ein Pferd mit einer Beckenblockade kann zum Beispiel keine Last aufnehmen oder hohe Sprünge fehlerfrei absolvieren. Ein blockiertes Kreuzdarmbeingelenk kann den fliegenden Wechsel in eine Richtung unmöglich machen, eine Blockade in der Lendenwirbelsäule die Traversale in eine Richtung behindern. Eine Blockade des Erbsenbeines, eines kleinen Knochens an der Rückseite des Carpalgelenkes, kann dazu führen, dass Ihr Pferd nicht mehr galoppiert oder sogar stocklahm ist. (Alle Zusammenhänge und Besonderheiten können Sie nachlesen in meiner Buchreihe „Zusammenhänge im Pferd I-III")

Es ist selbstverständlich die Pflicht eines jeden Reiters, vor jeder Art von Anforderung an sein Pferd sicherzustellen, dass es dieser körperlich und mental gewachsen ist und keine gesundheitlichen Einschränkungen bestehen, die es bei der

Ausführung der gestellten Aufgaben behindern könnten. Die meisten Pferde werden ihre Schmerzen oder Schwächen zu verbergen versuchen, denn Raubtiere greifen sich zuerst das schwächste Glied der Herde, somit kann das eigene Überlegen aus Sicht des Pferdes davon abhängen, sich keine Schwäche anmerken zu lassen. Plus: das Pferd hat keinen Schmerzlaut, es ist darauf angewiesen, dass es anders verstanden wird. Lassen Sie daher lieber einmal zu viel als einmal zu wenig nachschauen, ob alles in Ordnung ist, wenn Sie sich nicht sicher sind.

An dieser Stelle möchte ich noch ein kurzes Statement zu der Besserwisserei in Reitställen abgeben: Es gehörte früher zum Selbstverständnis eines jeden Reiters, dass man anderen Reitern, aber auch etwa Spaziergängern, mit Höflichkeit begegnete. Nicht durchzuparieren und zu grüßen, wenn einem jemand entgegenkam, wäre völlig undenkbar gewesen, genauso wie es als vollkommen indiskutabel und als Bruch der Regeln gegolten hätte, sich in die Belange anderer Reiter einzumischen. Höflichkeit, Zurückhaltung und Bescheidenheit waren ebenso Teil der Reit-Etikette, wie Disziplin und Selbstbeherrschung. Davon ist heute leider in weiten Teilen nichts mehr zu spüren. Im Gegenteil ist es überall an der Tagesordnung, dass sich Reiter / Einsteller in die Angelegenheiten anderer Pferdebesitzer einmischen. Diese Besserwisserei hat Ausmaße angenommen, die das erträgliche Maß teilweise deutlich überschreiten.

Leider gibt es genügend unsichere Pferdebesitzer, die auf die Meinung anderer Reiter hören und ihrem Pferd dadurch schaden. Es ist wirklich schwer zu glauben, aber ich hatte etliche Fälle in der Praxis, wo andere Einsteller einem

Pferdebesitzer, der Schwierigkeiten mit seinem Pferd hatte, eingeredet haben, das Pferd habe ganz bestimmt einen „ausgerenkten" Wirbel, das würde man ja auch fühlen, der stünde so komisch hoch. Oder einen „Stau in der Gallenblase". Oder, bei einem Pferd, das verkauft werden sollte: Die Kuhlen über den Augen des Pferdes seien „Schmerzkuhlen" und man solle das Pferd keinesfalls kaufen, da das definitiv auf eine Erkrankung und starke Schmerzen hinweise.

Ein anderes Mal hatte die Stall-Besserwisserin einer Einstellerin mit einem nachweislich schwerst traumatisierten, verängstigten, unsicheren Pferd erklärt, ihr Pferd habe keine Angst, sondern sei frech und müsse einfach mal richtig die Jacke voll bekommen. Was die Besitzerin dann umsetzte und in der Folge ihr Pferd nicht einmal mehr aus der Box holen konnte, geschweige denn reiten.

Tun Sie so etwas nicht und wenn Sie sich nicht sicher sind, bitten Sie einen Tierarzt oder einen anderen Pferdeexperten um Rat.

Anmerkung: Das Pferd hat keine Gallenblase und schon gar keinen Stau darin. Bei den Kuhlen über den Augen des Pferdes handelt es sich um die Aussparungen im Schläfenbein, in denen der oberste Teil des Unterkiefers ankommt, ein kleines Stück oberhalb des eigentlichen Kiefergelenks. Ein verängstigtes, unsicheres Pferd zu verhauen, ist so ziemlich das Schlimmste, was man tun kann. Einmal abgesehen davon, dass man Pferde überhaupt nicht verhauen muss. (Und darf!) Solche Damen und Herren machen sich mit ihrem Halbwissen zum Kasper und richten teilweise wirklich großen Schaden an.

Als Reiter und Pferdebesitzer sollte man sich um die eigenen Herausforderungen kümmern und sich unter keinen Umständen ungefragt in die Angelegenheiten anderer Pferdebesitzer/ Reiter einmischen, das sollte eigentlich schon durch ein ganz normales Maß an Respekt und Höflichkeit vorgegeben sein. Es kommt ja nicht von ungefähr, dass Reitställe von jedem Nicht-Reiter heutzutage mit „Zickenterror" assoziiert werden und dieses Gerede über anderer Leute Pferde und Reiterei ist der Grund dafür. Jeder, der sich an dieser Art des Umgangs beteiligt, trägt dazu bei, dass in seinem Stall schlechte Stimmung herrscht. Und glauben Sie mir, auch die wirklich guten Tierärzte, Chiropraktiker, Physios und Osteopathen wären dankbar, wenn sie sich nicht permanent mit den „Diagnosen" diverser Besserwisser konfrontiert sähen, den „ausgerenkten" Wirbeln und den „Blockaden des Schlüsselbeins". (Das Pferd hat auch kein Schlüsselbein.)

Eine einzige Ausnahme gibt es und bei dieser verstummen die genannten Einmischer in der Regel rasant und verschwinden auf mysteriöse Weise: Wenn Sie sehen, dass jemand sein Pferd ungerecht behandelt oder sich gar tierschutzrelevant verhält, sprechen Sie ihn umgehend und laut an und wenn sich keine Einsicht zeigt, lassen Sie einen Anwalt eine Strafanzeige gegen die Person stellen.

Nur so kann man erreichen, dass diese unsägliche Gewalt gegen Pferde irgendwann ein Ende findet und jeder von Ihnen kann dazu etwas beitragen.

3.2 Magenerkrankungen

Erkrankungen des Magens sind bei den Reitpferden heutzutage sehr verbreitet und das Thema treibt daher etliche Reiter um. Wir haben uns im vorherigen Kapitel mit dem Wesen und den Instinkten des Pferdes auseinandergesetzt und wissen nun, wie einfach es ist, ein Pferd in Anspannung zu versetzen und wie viel schwieriger es ist einen Zustand von Entspannung zu erreichen. Pferde, die latentem, anhaltendem Stress ausgesetzt sind, sind besonders häufig von Stress-induzierten Erkrankungen betroffen und die Mehrzahl der Magenschleimhautentzündungen und Magengeschwüre fällt unter diesen Begriff: stressbedingt.

Sollte bei Ihrem Pferd eine solche Erkrankung des Magens festgestellt werden, gilt es als Erstes zu versuchen, die Stress auslösende/n Ursache/n zu definieren und abzustellen. Ist es vielleicht der giftende Boxennachbar? Ein anderes Pferd auf der Weide? Mangelnder Weidegang? Überforderung im Training?

Wenn Sie die Ursache nicht finden und abstellen können, werden auch Medikamente nicht dauerhaft und nachhaltig helfen. Leider gibt es nicht immer „die eine" Ursache, die als der eine Stressauslöser definiert werden kann.

Etliche Pferde, vor allem solche mit einem hohen Blutanteil, sind grundsätzlich immer etwas „hochgefahren", das macht ihre besondere Leistungsfähigkeit und schnelle Reaktionsfähigkeit sowie schnelle Auffassungsgabe aus. Bei einem solchen Pferd gibt es wahrscheinlich nicht den einen Auslöser, sondern alles, was im Stall und auf der Weide,

beim Training oder im Wettkampf passiert, kann zur Erhöhung des Stresslevels beitragen.
Hier hilft nur eines: die bereits besprochene Steigerung der Stresstoleranz des Pferdes.
Ich habe erklärt, wie wichtig es ist, für das Pferd ein verlässlicher Partner zu sein und die Souveränität des Pferdes zu erhöhen, um eine gesund erhaltende Arbeit mit dem Pferd zu ermöglichen. Magenerkrankungen sind ein weiterer Grund, daran zu arbeiten. Wenn Ihr Pferd immer wieder die Erfahrung macht, dass es gefährliche Situationen unbeschadet übersteht und sich dabei durch Lob und positive Bestätigung auch noch wie ein Gewinner fühlt, erhöht diese Erfahrung die Stresstoleranz Ihres Pferdes und eine höhere Stresstoleranz bedeutet nun einmal schlicht und ergreifend:
Weniger Stress.
Im Grunde ist dies nichts anderes, als das Training, welches mit Polizeipferden absolviert wird. Die geduldige und gründliche Ausbildung und die wiederholte Erfahrung, auch in bedrohlichen Situationen unversehrt zu bleiben, führt zu mehr Mut und Selbstvertrauen und somit größerer Stresstoleranz. Es lohnt sich wirklich, mit jedem Pferd daran zu arbeiten, aber bei „Magenpferden“, die eigentlich durch alles in ihrer Umgebung gestresst werden, ist es das einzige Werkzeug, welches dauerhaft helfen kann.
Auch eine pferdegerechtere Haltung würde die Zahl der Magenerkrankungen signifikant verringern, weil das Pferd bei dieser Art der Haltung die Möglichkeit hätte, Stress loszuwerden und abzubauen. Artgerechte Fütterung und ausreichender freier Auslauf reduzieren die Stresshormone

im Blut und sind daher als wesentlicher Faktor in der Prävention anzusehen und auch das Fressverhalten des Pferdes hat einen direkten Einfluss auf die Gesundheit des Magens:

Der Pferdemagen ist auf eine konstante, über den Tag verteilte, Nahrungsaufnahme eingestellt und kann daher nur verhältnismäßig kleine Mengen Futter auf einmal aufnehmen und verdauen. Der untere Teil des Pferdemagens ist stets mit Magensäure gefüllt und gewährleistet so die sofortige Zersetzung und Verdauung des Futters, sobald es in den Magen gelangt. Die Magensäure des Pferdes ist zwar nicht so aggressiv wie die eines Fleischfressers, aber immer noch ätzend genug, um die Schleimhäute anzugreifen.

Einen natürlichen Puffer zur Neutralisierung dieser Magensäure und damit zum Schutz der Schleimhäute bildet der Speichel des Pferdes, der durch seinen Ph-Wert die Säure abpuffern kann. Speichel wird aber vornehmlich dann produziert, wenn das Pferd frisst und kaut. Fehlen die Kaubewegungen wird folglich kaum Speichel gebildet, entsprechend gelangt weniger Säure-Puffer in den Magen und die Magensäure greift die Schleimhäute an - woraus dann Magenschleimhautentzündungen und Magengeschwüre entstehen können.

Hinweise auf Magenerkrankungen können unter anderem sein: Empfindlichkeit beim Putzen im unteren Drittel des Halses, häufiges Gähnen, mit der Zunge spielen, Gurt- und Sattelzwang, eine lange Lösungsphase, ein aufgezogener Rücken zu Beginn der Arbeit, Abmagerung trotz ausreichend guten Rauhfutters, wiederkehrende Blockaden in der Hals- und Brustwirbelsäule und der Schulter, häufige „schlechte Laune“, schlechtes Fressen, gieriges Fressen (besonders Kraftfutter), sowie Koppen und Krippensetzen. Das, nebenbei bemerkt, ist ebenfalls eine meiner Erfahrungen: Viele Pferde koppen nicht, weil sie „verhaltensgestört“ sind, sondern weil sie Magenschmerzen haben. Ein gefüllter Magen tut nicht so weh wie ein leerer, weshalb diese Pferde Luft schlucken. Nach der kompletten Ausheilung der Schmerz auslösenden Erkrankung hören diese Pferde dann wieder auf zu koppen. Es gibt viele Wissenschaftler, die diesen Zusammenhang nicht bestätigen konnten, aber dies ist meine persönliche Erfahrung: Magen behandelt und ausgeheilt = Koppen weg. Das habe ich bei etlichen Pferden gesehen und gehe daher nicht von einem Zufall aus. Eine gesicherte Diagnose über den Zustand des Magens kann nur die Magenspiegelung erbringen. Sollte eine solche Erkrankung bei Ihrem Pferd festgestellt werden, empfiehlt es sich, für kurze Zeit einen sogenannten Protonenpumpenhemmer zu verabreichen und im Anschluss für einige Wochen einen pflanzlichen Magenschutz zuzufüttern.

Die Fütterung guten Rauhfutters ist ebenfalls ein wichtiger Faktor in der Prävention von Magenerkrankungen. Denn: Je mehr Kaubewegungen das Pferd durchführt desto mehr Speichel fließt in seinen Magen und desto weniger kann die Magensäure die Schleimhäute schädigen. Was uns zu unserem nächsten Thema bringt.

3.3 Heunetze

Dass längere Fresspausen für das Pferd nicht gesund sind, hat sich inzwischen bei vielen Pferdebesitzern herumgesprochen. In der Folge werden die Pferde allerdings nicht etwa ganztägig auf große Weiden verbracht, sondern es werden zur Vermeidung solcher Fresspausen Heunetze in Boxen und auf Sandpaddocks gehängt. Zum einen, damit das Futter nicht in den Boden getrampelt wird, zum anderen, weil sich dadurch die Fresszeit verlängert. Eine im Grunde gute Idee, die nur leider schnell mit sehr negativen Folgen für das Pferd verbunden sein kann. Es gibt einige wenige Pferde, die aufgrund von Stoffwechselerkrankungen nur eine geringe Menge Futter aufnehmen dürfen und für diese Pferde stellt ein Heunetz definitiv die beste Alternative dar. Aber bei allen anderen Pferden würde ich von der Verwendung zur alleinigen Fütterung des Rauhfutters abraten.

Da sind zunächst einmal die Verletzungen, die sich Pferde durch Heunetze zu ziehen können und diese sind zum Teil erheblich: Hängenbleiben mit Huf, Eisen, Deckenverschluss oder Zahn, sowie Strangulierung von Gliedmaßen haben schwerwiegende Folgen und enden mindestens in Blockaden, häufig in schweren Gewebeverletzungen.

Es gibt aber noch andere Faktoren zu bedenken: Die Heunetz-Fütterung soll ja die Fressgeschwindigkeit senken und das Pferd "beschäftigt" halten, sprich, man möchte das Grasen nachahmen und somit annähernd artgerecht füttern. Abgesehen davon, dass das in einer Pferdebox ohnehin schwerlich möglich ist, da sich Pferde beim Grasen immerzu fortbewegen, bedeutet das: Jedes Heunetz, das höher als auf dem Boden angebracht ist, erfüllt diese Maßgabe schon einmal nicht. Wie schon beschrieben, hat die hohe Kopfhaltung eines Pferdes durch das Stehen in der Box alleine negative Effekte auf den Rücken und Hals des Pferdes und ein hoch gehängtes Heunetz verstärkt diese negativen Effekte.

Das Ziel, die Fressdauer zu verlängern und "das Pferd zu beschäftigen" verlangt zugleich eine geringe Maschenweite des Heunetzes. Das bedeutet: will das Pferd an das Futter gelangen, muss es sich sehr anstrengen, ein Vorgang, bei dem die Kopfgelenke gestaucht und Nacken- und Kiefermuskulatur überbeansprucht werden, ebenso wie die Muskulatur der Vorhand, da viele Pferde die Vorderbeine für mehr Stabilität in den Boden stemmen. Also das genaue Gegenteil von dem, was ein Pferd beim Grasen tut - wo es gemächlich von Büschel zu Büschel wandert und jeweils abwechselnd ein Vorderbein vorstellt. Plus: die Menge, die ein normales Pferd aus einem solchen Netz mit einem Rupfen herausbekommen kann, ist zu gering.

Studien* haben ergeben, dass die Pferde bei kleiner Maschenweite mehrfach rupfen und dann nur unzureichend kauen.

Das bedeutet, dass die Zahl der Kauschläge, also der Mahlbewegungen des Unterkiefers, mit dem Durchmesser der Maschen abnimmt.

Aufgrund des Hungergefühls wird weniger gekaut/schneller geschluckt. Dies führt zum einen dazu, dass die Nahrung un-

* nachzulesen bei "Forages and Grazing in Horse Nutrition"Markku Saastamoinen, Wageningen Academic Pub, 2012

zureichend zerkleinert wird, was zu Fehlgärungen im Darm, Kotwasser und Koliken führen kann und außerdem die Nährstoffverwertung reduziert.
Zum anderen bedeuten wenige Kaubewegungen wie wir gelernt haben auch: weniger Speichel, welcher durch seinen Ph-Wert der natürliche Puffer ist, den das Pferd seiner Magensäure entgegenzusetzen hat.
Das heißt: wird wenig Speichel gebildet, steigt die Wahrscheinlichkeit von Magenschleimhautentzündungen und ihren Folgen. Die gut gemeinte Verlängerung der Fressdauer zur Vermeidung von langen Futterpausen und damit einhergehenden Magenerkrankungen kann also bei zu kleinen Maschen schnell ganz genau diese provozieren.
Viele Pferde sind zudem offenbar schnell frustriert, wenn sie nicht genug Futter aus dem Netz bekommen, sie sind dann dauerhaft hungrig und gestresst. Dies besonders dann, wenn ausschließlich aus dem Netz gefüttert wird. Die Pferde geben dann aus Frustration oder auch aufgrund schmerzender Muskeln auf und lassen das Heu im Netz liegen, obwohl sie hungrig sind, weshalb immer nur zusätzlich aus "slow feedern" gefüttert werden sollte.

Natürlich unternehmen Pferde in freier Wildbahn auch manchmal größere Anstrengungen, um an gutes Futter zu gelangen, zupfen mit schief gelegtem Kopf und verdrehtem Hals, teils auch in großer Höhe, an Büschen oder Bäumen, aber eben immer nur kurz. Die gewollte Verlängerung der Fressdauer bei der Fütterung aus dem Heunetz in einer physiologisch ungünstigen Haltung führt offenbar mindestens langfristig zu Blockaden, Verspannungen und Schmerzen. Besonders häufig finden sich in der Praxis Blockaden des Genicks, der Kiefergelenke, der ersten Halswirbel, der Schultern sowie des Zungenbeines.

Fazit: Ein Füttern aus Heunetzen sollte stets nur für eine kurze Zeit, zum Beispiel auf dem Anhänger, stattfinden. Wenn aus Slowfeedern gefüttert werden muss, was bei manchen Pferden ganz unvermeidbar und in vielen Fällen absolut sinnvoll ist, dann sollte man versuchen, Gurtnetze mit nicht zu kleiner Maschenweite zu nutzen und diese sicher am Boden zu befestigen, oder vielleicht eine flache/bodennahe Box mit einem Gurtnetz abzudecken. Das macht etwas mehr Arbeit als kurz ein Netz in die Box zu hängen, lohnt sich aber, wenn man die negativen Folgen bedenkt, die aus dem Füttern aus frei baumelnden Heunetzen entstehen können.

3.4 Das Zungenbein

Das Zungenbein ist eine in meinen Augen stark unterschätzte Struktur des Pferdekörpers. Viele Pferdebesitzer, Osteopathen und andere Therapeuten messen diesem kleinen Knochen kaum Bedeutung bei - dabei ist er entscheidend am Schluckakt des Pferdes beteiligt und hat eine enge Verbindung zur Schulter.
Während des Kauens schiebt das Pferd das Futter mit der Zunge immer wieder von einer Seite zur anderen, da es nie

auf beiden Seiten gleichzeitig kaut. Stabilisiert wird die Zunge dabei durch das Zungenbein, einen kleinen Knochen, der über verschiedene Muskeln sowohl mit dem Kehlkopf als auch mit der Schulter des Pferdes verbunden ist. Dieser kleine Knochen kann, wenn er sich nicht so bewegt, wie er soll, den Schluckakt des Pferdes beeinträchtigen und den Raumgriff der Vorderbeine ganz erheblich einschränken.

Es ist für Pferdebesitzer auch wichtig zu wissen, was für Folgen ein blockiertes Zungenbein für den Schluckvorgang des Pferdes bedeuten kann, sei es weil sich die Bewegungseinschränkung auf den Kehlkopf überträgt oder durch die erhöhte Spannung in der beteiligten Muskulatur das Schlucken für das Pferd einfach unangenehm wird, aber es besteht definitiv ein Zusammenhang:

Ich sollte vor einigen Jahren ein Pferd wegen ganz allgemeiner Undurchlässigkeit behandeln. Während der Untersuchung erweckte der Zustand der Haut des Pferdes den Verdacht auf eine akute Dehydrierung des Tieres und nach dem Trinkverhalten ihres Pferdes gefragt, sagte die Besitzerin, ihr sei auch schon aufgefallen, wie wenig ihr Pferd tränke, auf der Weide würde es gar nicht trinken und in der Box nur sehr sporadisch. Die weitere Untersuchung ergab Blockaden beider Schultern, der Kiefergelenke und des Zungenbeines. Letzteres bewegte sich gar nicht mehr und es dauerte sehr lange, bis es gelang, es zu lösen. Als das Pferd nach der Behandlung auf die Koppel kam, ging es geradewegs zum Wasserbottich und trank für einige Minuten und in den Tagen danach kehrte es zu einem ganz normalen Trinkverhalten zurück. Nachdem mir der Zusammenhang aufgefallen war, konnte ich bei einer großen

Zahl von Pferden Futterverweigerung und spärliches Trinken den Blockaden des Zungenbeines zuordnen, da sich das Fress- und Trinkverhalten nach dem Lösen der Blockaden stets innerhalb weniger Tage normalisierte.

Auch hier haben wir es also wieder mit einer Kleinigkeit zu tun, die große Auswirkungen auf die Gesundheit Ihres Pferdes haben kann und auf ein normal bewegliches Zungenbein zu achten ist daher durchaus wichtig. Und zwar nicht nur wegen der möglichen Beeinträchtigung des Schluckens, sondern auch aufgrund seiner Verbindung zur Schulter und dem Übergang zwischen Hals und Rumpf des Pferdes. Diese Verbindung wird über den Musculus omohyoideus, den Schulter-Zungenbein-Muskel, hergestellt, welcher in der Schulterfaszie entspringt und am Zungenbein ansetzt. Viele Zungenbeinblockaden gehen durch diese muskuläre Verbindung mit Schulterblockaden einher und andersherum, denn Spannung in diesem Muskel, die entsteht, wenn sich unter anderem das Zungenbein nicht richtig bewegt, kann sich über die Schulterfaszie in den gesamten Übergang zwischen Nacken und Rumpf fortsetzen - was die Vorführphase der Vorderbeine, die Beweglichkeit der Schulter und die des Halses einschränkt.
Wenn Ihr Pferd an Raumgriff verliert oder beispielsweise im starken Trab ein Bein höher nimmt als das andere, könnte eine simple Blockade des Zungenbeines die Ursache dafür sein. (Ausführlich beschrieben in „Zusammenhänge im Pferd“).

3.5 Der Pferdekiefer und die Wichtigkeit von Zahnbehandlungen

Die gesamte Biomechanik des Pferdekiefers ist auf die für das Pferd wichtigste Tätigkeit, das Grasen, ausgerichtet. Senkt das Pferd den Kopf, schiebt sich der Unterkiefer nach vorn. Durch diese kleine Bewegung wird im Kiefergelenk Platz geschaffen, damit die für das Zermahlen des Futters notwendigen rotierenden Mahlbewegungen ohne Aufwand und ohne Überlastung der Kaumuskulatur durchgeführt werden können. Gleichzeitig werden durch diese Bewegung die Schneidezähne übereinandergestellt, um das Gras abrupfen zu können.

Hebt das Pferd hingegen den Kopf, gleitet der Unterkiefer nach hinten, also Richtung Pferdekörper. Das Spiel in den Kiefergelenken wird dadurch geringer, die Muskulatur spannt sich an und diese Anspannung zieht sich über die Hals- und Rückenmuskulatur bis in das Becken.

Das ist insofern wichtig, als der „Motor“ des Pferdes in der Hinterhand sitzt und das Pferd auf diese Weise bei Gefahr sofort in hohem Tempo flüchten kann. Jeder, der sich schon einmal einem Pferd auf der Weide genährt hat und von diesem erst spät bemerkt wurde, weiß, wie es aussieht, wenn das Pferd aus dem entspannten Grasen den Kopf hochreißt und sofort der ganze Körper unter Spannung steht. Nur als Beispiel, denn natürlich greifen hier noch deutlich mehr Muskelketten ein.

In der Ruhe, bei entspannter Kaumuskulatur, ist das Maul leicht geöffnet und die unteren und oberen Schneidezähne haben keinen Kontakt. Bewegt sich das Pferd, beziehungsweise bewegt es seinen Kopf, geht dieser Kopfbewegung eine Bewegung des Unterkiefers in die gewollte Richtung voraus, was bedeutet: Eine Bewegung des Pferdekopfes nach links wird von einer Bewegung des Unterkiefers nach links eingeleitet.

Das ist beim Menschen ähnlich, Sie können es daher sogar ausprobieren: Schauen Sie geradeaus und bewegen Sie locker den Unterkiefer nach rechts oder links, Sie werden feststellen, dass der Kopf dieser Bewegung folgen möchte und da die beiden Unterkieferäste miteinander verwachsen sind, betrifft jede Bewegung des Unterkiefers immer beide Kiefergelenke.

Nur auf den kleinen Körperteil „Kiefer" bezogen bedeutet das für die Reiterei: Das Pferd muss seinen Unterkiefer öffnen und schließen und ihn nach vorn, hinten und zu beiden Seiten frei bewegen können. Jedes Reiten in Anlehnung oder vorwärts abwärts bedeutet eine Bewegung des Unterkiefers nach vorn. Die Verhinderung der Vorwärtsbewegung des Unterkiefers bei gesenktem Kopf führt zu erheblicher Spannung in den Kopfgelenken und im Kiefer, wird nun aber auch die Seitwärtsbewegung des Unterkiefers behindert, zum Beispiel durch Wellen oder Haken auf den Zähnen oder nicht nach der „Zwei-Finger-Regel" verschnallte Nasenriemen, kann das Abwenden nicht in der natürlichen Bewegung stattfinden, also vom Unterkiefer eingeleitet werden und sich über Kopf und Hals bis in den Rumpf und die Hinterhand fortsetzen. Das Pferd wird versuchen, den Bewegungsverlust anderweitig auszugleichen und die Kompensationen, die dadurch im

Körper entstehen, reichen von Blockaden bis hin zu Lahmheiten, Fehlstellungen der Hufe und Überlastung einzelner Gelenke mit daraus folgenden Erkrankungen. Eine dauerhafte Einschränkung dieser Beweglichkeit in eine oder mehrere Richtungen kann außerdem zu Entzündungen und Verschleiß in den Kiefergelenken führen.

Es ist daher jedem Pferdebesitzer dringend anzuraten immer auf eine freie Beweglichkeit des Pferdekiefers zu achten, das Reithalfter immer so zu verschnallen, dass zwischen Nasenbein und Riemen zwei Finger aufrecht übereinander Platz finden und mindestens einmal im Jahr einen auf Zähne spezialisierten Pferdezahnarzt kommen zu lassen. Die Spezialisierung ist deshalb so besonders wichtig, weil diese „Zahn-Nerds" das Wissen, das Interesse und das Equipment haben, um wirklich jede noch so kleinste Unebenheit im Pferdegebiss zu finden und zu beseitigen. Etwas, das dem normalen Tierarzt nicht ohne weiteres möglich ist.

Es ist zwar schwer zu glauben, aber eine minimale Erhöhung auf einem einzelnen Zahn, kann tatsächlich das gesamte Gleichgewicht des Körpers durcheinanderbringen, wiederkehrende Blockaden erzeugen, ja, ein Pferd vollkommen unreitbar machen. Und da Sie ohnehin mindestens einmal jährlich die Zähne Ihres Pferdes kontrollieren lassen sollten, um Verletzungen an den Schleimhäuten, Entzündungen, Haken und Wellen auszuschließen, können Sie ebenso gut gleich einen Spezialisten kommen lassen.

Ich habe im Laufe meiner Tätigkeit etliche Pferde behandelt, bei denen ich die Zähne als Ursache für die wiederkehrenden Blockaden definiert hatte und die Besitzer, nach der letzten Zahnbehandlung ihres Pferdes gefragt, antworteten: Der Zahnarzt käme regelmäßig. Anfangs wunderte ich mich, warum die Blockaden dennoch immer wiederkehrten, bis ich dann genauer nach der Spezialisierung fragte und jedes Mal waren die Zahnbehandlungen vom Haus und Hof Tierarzt mit der „Bohrmaschine" gemacht worden. Ich empfahl das Aufsuchen eines tatsächlich nur auf Pferdezähne spezialisierten Tierarztes und nach einer Behandlung durch einen solchen Spezialisten kamen die Blockaden nicht mehr zurück. Diese Zahn-Spezialisten feilen teilweise millimeterweise winzige Kanten aus den Zähnen, gleichen Kauflächen an und schmirgeln Schneidezähne mit kleinen Diamantbohrern, schauen mit Kameras in die hintersten Ecken des Pferdegebisses und beachten jede Kleinigkeit. Sie machen sich ernsthafte Gedanken, wie welche Welle auf welchem Zahn das Pferd in seinem Kauvorgang und der Beweglichkeit seines Kiefers einschränken könnte und arbeiten bis in das kleinste Detail daran, die für das Pferd bestmögliche Situation zu schaffen. Mit der „Bohrmaschinen-Zahnraspel" lässt es sich schlicht nicht so präzise arbeiten und ein nicht auf Zähne spezialisierter Tierarzt hat in der Regel nicht das technische Gerät, um mit der gleichen Genauigkeit zu arbeiten wie ein Spezialist. Die Zahnmedizin hat im Pferdebereich in den letzten Jahren immense Fortschritte gemacht und eine solch sorgfältige Behandlung kann für Ihr Pferd einen großen Unterschied machen. Lassen Sie Ihr Pferd von diesem Fortschritt profitieren, es lohnt sich wirklich!

Für den Reiter ist es zusammenfassend also wichtig zu wissen: Eine hohe Kopfhaltung bringt Spannung in die Kiefergelenke, die Kaumuskulatur und über Muskelketten bis ins Becken, etwas, das der Reiter sich in bestimmten Lektionen zunutze macht (reiten in Aufrichtung, Piaffe/Passage) ebenso wie beim Springen, wo das Pferd mit erhobenem Kopf einerseits besser sieht, gleichzeitig aber auch mehr Spannung in die Hinterhand übertragen und somit die Sprungkraft gesteigert wird.
Eine tiefe Kopfhaltung sorgt gewöhnlich für eine entspannte Situation in den Kiefergelenken und dem Becken, ein weiterer Grund für den großen Nutzen des reellen vorwärts-abwärts Reitens. (Siehe Kapitel „vorwärts-abwärts“).

Was ich Ihnen und mir hier heute anatomisch und physiologisch erklären kann, haben wir allerdings früher einfach selbstverständlich gelernt, es war Teil des alten Wissens und der Regeln: Ein Pferd ist am Anfang einer jeden Arbeit so lange in den drei Grundgangarten am langen Zügel zu reiten, bis es Kopf und Hals locker fallen lässt und abschnaubt.
Erst dann darf man ein Pferd in die Aufrichtung bringen und somit Spannung in das Pferd und zum Abschluss eines jeden Trainings ist das Pferd im Trab wieder am langen Zügel mit locker fallendem Hals und Kopf einige Minuten lang auszutraben. Jeder, der schon einmal auf einem solcherart

trabenden Pferd gesessen hat, welches zufrieden kaut, den Rücken aufwölbt und durch den ganzen Körper schwingt weiß, was für ein famoses Gefühl das ist. So sollte man dann im besten Fall in den Schritt parieren, loben und noch etwas am hingegebenen Zügel spazieren reiten. Wer das Training auf einem lockeren Pferd mit lockerem Kiefer beendet, fängt beim nächsten Mal schon viel besser an.

3.6 Die Tasthaare

Eine weitere vermeintliche Kleinigkeit möchte ich hier nicht unerwähnt lassen, da ich immer wieder einmal Reiter sehe, die sich an den „Barthaaren" ihrer Pferde zu schaffen machen: Die Tasthaare des Pferdes an Maul, Nüstern und Augen dürfen keinesfalls abgeschnitten werden und das ist keine Frage der Optik, denn Pferde sind auf diese Haare angewiesen.

Sie sind für das Pferd eine wichtige Unterstützung seines Sehsinnes. Aufgrund ihres eingeschränkten Sichtfeldes durch die seitlich gelegenen Augen können Pferde nicht sehen, was direkt vor ihnen liegt, durch die Haare an Nüstern und Maul können sie sich jedoch ein ungefähres Bild davon verschaffen. So ertasten mit den Haaren am Maul unter anderem, was für Futter sich direkt vor ihrem Maul befindet, ob Stöcke oder Steine in einem Grasbüschel versteckt sind, wie weit der Abstand des eigenen Maules zum Boden ist, wo das Gras aufhört.

Die Haare an den Augen warnen das Pferd unter anderem vor Zusammenstößen mit Gegenständen, Zweigen, Ästen und veranlassen das Pferd, auszuweichen oder das betreffende Auge zum Schutz zu schließen.

Natürlich gilt das gleichermaßen für den Kontakt mit Artgenossen, zwischen Stute und Fohlen, mit dem Menschen, das Pferd „sieht" gewissermaßen mithilfe der Informationen, die es aus seinen Tasthaaren erhält. Das Kürzen oder Entfernen der Tasthaare stellt für das Pferd also tatsächlich einen echten Eingriff in seine Sinne dar, was im Übrigen auch der Grund dafür ist, warum es in Deutschland verboten ist, die Tasthaare eines Pferdes zu kürzen oder gar zu entfernen.

Jedes Pferd hat unterschiedlich lange Haare an Maul und Augen - falls diese bei Ihrem Pferd besonders lang sein sollten, können Sie davon ausgehen, dass Ihr Pferd auf diese Länge angewiesen ist. Ein längeres Haar vergrößert den Umkreis, in dem Informationen ertastet werden können. Die Nervenzellen, die dem Gehirn diese Informationen zusenden, sitzen zwar in den Haarwurzeln und nicht in den Haaren selbst, das bedeutet jedoch nicht, dass die Haare keine Funktion haben: Sie sind die „Antennen", welche den Sehsinn des Pferdes vervollständigen.

Bei Pferden, welche besonders lange und viele Tasthaare besitzen, gibt es möglicherweise einen Grund für dieses stärkere Wachstum: Ich habe bei mehreren Pferden beobachten können, wie diese mit zunehmendem Alter immer mehr und immer längere „Barthaare" bekamen und vermute, dass dies dem Umstand der nachlassenden Sehkraft geschuldet war. Möglicherweise kompensieren manche Pferde durch ein besonders ausgeprägtes Wachstum der Tasthaare also eine Sehschwäche.

Das zeigt, wie wichtig diese für viele „störenden“ Haare für die Orientierung des Pferdes sind, bitte bewahren Sie Ihrem Pferd diese Unterstützung seines Sehsinnes und machen Sie auch andere Reiter darauf aufmerksam, wenn Sie sehen, wie jemand die Tasthaare seines Pferdes kürzt.
Ihr Pferd mag unordentlich aussehen, aber es ist auf jedes dieser Haare angewiesen.
(Und es ist ein Verstoß gegen das Deutsche Tierschutzgesetz, sich daran zu schaffen zu machen.)

Kapitel 4
Das Training

4.1 Die Sinne des Pferdes

Bevor wir uns dem eigentlichen Training mit dem Pferd zuwenden, sollten wir uns noch einmal mit einigen Sinnen und der Wahrnehmung des Pferdes befassen, denn wie der Fight or Flight Instinkt beeinflussen diese „Kleinigkeiten“ alles, was wir mit dem Pferd anfangen und sind eine häufige Quelle für Missverständnisse. So ist es gut zu wissen, dass das Pferd viel besser riecht und hört als der Mensch und vollkommen anders sieht.

Der Hörsinn des Pferdes spielt eine wichtige Rolle in der Wahrnehmung von Gefahren, weshalb die Ohren immer in Bewegung sind und sogar dann Geräusche aufnehmen und verarbeiten, wenn das Pferd döst oder schläft. Zwölf Hauptmuskeln an jedem Ohr können die Ohrmuschel in verschiedene Richtungen drehen, um die Geräusche besser einzufangen und die Ohren sind zu diesem Zweck unabhängig voneinander beweglich. Dabei ist der Hörsinn des Pferdes auch und besonders auf sehr leise Geräusche ausgerichtet, was bedeutet: Pferde hören Dinge, die der Mensch nicht wahrnimmt. Sie können offenbar gleichzeitig nicht gut bestimmen, woher ein Geräusch genau kommt, weshalb die meisten Laute erst einmal den Fluchtreflex auslösen.

Bevor Sie sich also das nächste Mal über Ihr Pferd ärgern, weil es „grundlos“ zur Seite springt: Ihr Pferd hat möglicherweise tatsächlich etwas gehört, was schlicht in

einem Frequenzbereich lag, den Sie als Mensch nicht wahrnehmen können.
Das Pferd kann außerdem deutlich besser riechen als der Mensch. Die sehr großen, verschlungenen Nebenhöhlen sind komplett mit Riechschleimhaut ausgekleidet und ermöglichen eine sehr feine und genaue Differenzierung von Gerüchen. So können Raubtiere aber zum Beispiel auch Wasserquellen über weite Entfernungen gerochen werden. Herdenmitglieder erkennen einander am Geruch, sogar am Geruch ihrer Äppel und Hengste spüren rossige Stuten über weite Strecken hinweg auf.
Ihr Pferd kann aus Ihrem Geruch ableiten, wie es Ihnen gerade geht und besitzt außerdem mit dem sogenannten Jakobson-Organ eine Besonderheit, die es ihm ermöglicht, unbekannte oder besonders interessante Gerüche besonders gründlich zu untersuchen. Dafür wird die Oberlippe hochgezogen (flehmen) wodurch die Nüstern verschlossen werden, die eingeatmete Luft an den hinteren Gaumen gegen das Jakobson-Organ gedrückt wird, wo der Geruch dann nicht nur gerochen, sondern auch geschmeckt werden kann. Besonders häufig nutzen Pferde dies zur Differenzierung von Sexualhormonen, aber auch unbekannte Gerüche oder seltsam schmeckendes Futter wird durch Flehmen genau inspiziert.
Unbekannte Gerüche oder auch der Geruch von Wildtieren können vom Pferd als Gefahr eingestuft werden. Sie als Mensch werden den Geruch sehr wahrscheinlich nicht wahrnehmen und sich wundern, warum Ihr Pferd bei einem entspannten Ritt durch den Wald plötzlich nervös wird und scharf die Luft ein und aus prustet. Auch hier gilt: nicht

ärgern, sondern ignorieren. Bleiben Sie ruhig und gelassen, lassen Sie Ihr Pferd schnorcheln und schauen, aber reiten Sie dann auch konsequent weiter. In solchen Situationen die richtige Balance zwischen Nachsicht und Konsequenz zu finden, macht einen guten Reiter aus.

Durch die seitliche Position seiner Augen kann das Pferd rundum und auch in der Ferne sehen, direkt neben, vor und hinter sich, sieht es jedoch so gut wie gar nichts. Plötzliche Bewegungen in direkter Nähe zu seinem Körper können also ebenfalls den Fluchtinstinkt auslösen und ein Pferd zum plötzlichen Halten oder zur Seite Springen veranlassen. Denken Sie daran, wenn Ihr Pferd wieder vor einem Blatt am Boden scheut. Pferde sind dafür in der Lage, auch kleinste Bewegungen in der Ferne wahrzunehmen: Wenn Ihr Pferd beim Ausritt plötzlich den Kopf hochnimmt, angespannt zum Horizont starrt und partout keinen Schritt weitergeht, ist dies sehr wahrscheinlich genau dieser Fähigkeit geschuldet.

Ich habe mich anfangs immer wieder über mein damals junges Pferd geärgert, weil ich nicht einen einzigen Ausritt ohne ein solches „Einfrieren“ hinter mich bringen konnte. Allerdings gab es jedes Mal einen Grund für das Stehenbleiben: Rehe, Wildschweine, Kraniche, einen riesigen Sprenger, „Gefahren“, die ich selber immer erst bemerkte, wenn wir viel nähergekommen waren. Ich beschloss, mich nicht mehr zu ärgern, sondern mich darüber zu freuen, welch ausgezeichnete Aufmerksamkeit mein Pferd an den Tag legte - immerhin passte es auf uns auf. Mit zunehmender Erfahrung und Souveränität schaute es

irgendwann zwar noch in die Richtung, blieb jedoch nicht mehr stehen.
In der Dämmerung können Pferde immer noch ausgezeichnet sehen und in völliger Dunkelheit zumindest noch viel besser als der Mensch. Die Sorge vieler Reiter, Pferde könnten im Dunkeln nicht sehen, weshalb sie sich scheuen, mit ihren Pferden im Dunklen unterwegs zu sein oder sie nachts auf der Weide oder im dunklen Stall zu lassen, ist unbegründet.
Dieses Basiswissen ist relevant, um Missverständnissen vorzubeugen, aber auch, um Anspannung im Pferd erkennen und vermeiden zu können. Wir wissen: Das Pferd hat einen Flucht- und Kampfinstinkt, den es nicht steuern kann und von dem wir nicht vorhersehen können, wann oder wodurch er ausgelöst wird. Wir wissen um die erhöhte Ausschüttung von Adrenalin und die extreme innere und äußere Erregung, mit der dieser Zustand einhergeht.
Wir als Reiter wollen unbedingt verhindern, dass das Pferd in einen solchen Zustand gerät - denn diese höchste Erregbarkeit ist für eine schnelle und kurze Flucht perfekt, für eine Stunde Training unter dem Reiter jedoch eine Katastrophe.
Ein Pferd, welches seinem Reiter nicht vertraut, wird sich beim Reiten niemals entspannen. Ein Pferd, welches sich nicht entspannt, kann nicht nach den Regeln der klassischen Reitkunst und/ oder der Skala der Ausbildung ausgebildet werden, denn mindestens der Punkt der Losgelassenheit wird nicht erfüllt sein. Und ein Pferd, welches ohne Losgelassenheit gearbeitet wird, nimmt physischen und psychischen Schaden: Eine positive Körperspannung, die

eine reelle Gymnastizierung und korrekten Muskelaufbau möglich macht, lässt sich nur aus einem Zustand der Losgelassenheit/Entspannung heraus aufbauen. Was das Training mit dem Pferd betrifft, muss es also stets die wichtigste Aufgabe des Reiters sein, seinem Pferd ein sicheres Gefühl zu vermitteln und ihm so die Möglichkeit zu geben, zu entspannen. Wer mit einem angespannten, weil ängstlichen, Pferd trainiert, riskiert Verletzungen, Blockaden, Schmerzen und Vertrauensverlust.
Über die Sinne des Pferdes Bescheid zu wissen, ist dafür ungemein hilfreich.

Nehmen wir als Beispiel einer solchen Herausforderung einmal das Verhalten der meisten Pferde bei Wind. Bei Wind werden viele Pferde nervös, weil zum einen die unbekannten Geräusche zunehmen, zum anderen der Lärm des Windes andere Geräusche überdeckt und somit das unbemerkte Anschleichen eines Fressfeindes wahrscheinlicher macht. Zusätzlich ist die Witterung von Gerüchen bei Wind erschwert. Ein Pferd, das bei Wind den Kopf so hoch wie möglich trägt, um besser sehen zu können und insgesamt nervöser ist als sonst, zeigt ein ganz normales Verhalten. Es ist nicht „bekloppt", es muss auch nicht „mal ordentlich die Jacke voll bekommen", es braucht im Gegenteil einen ruhigen, souveränen Reiter, der weiß, was er tut und der ihm Sicherheit vermittelt.
Wie oft habe ich es schon erlebt, dass es windig war (in Norddeutschland wie auch Südafrika ein häufiges Phänomen) und die Pferdebesitzer und Bereiter, die mir die Pferde vorreiten sollten, mit Schlaufzügeln ankamen. Auf

meine Frage, warum sie denn mit Schlaufzügeln reiten wollten, bekam ich stets zur Antwort: „Den habe ich sonst nicht unter Kontrolle, der wird immer so frech bei Wind“.

Dazu möchte ich folgendes zu bedenken geben und das gilt mit oder ohne Wind: Ein Pferd, welches sich ohnehin schon fürchtet und somit eine entsprechend hohe Muskelspannung hat, wird sich durch Schlaufzügel und jede andere Art von Zwang noch viel schlimmer verspannen und sich definitiv blockieren. Ich verstehe den Wunsch der Reiter, die Kontrolle behalten zu wollen. Aber der Ansatz ist nun einmal ganz und gar falsch.

Noch einmal: der einzige Weg, „Kontrolle“ über ein Pferd zu haben (soweit das überhaupt möglich ist), ist, sein Vertrauen gewonnen zu haben und von ihm als eine Führungsfigur angesehen zu werden, auf die es sich in jeder Situation verlassen kann.

Wenn Sie nun stattdessen einem Pferd, welches ängstlich ist und eine entsprechend hohe Muskelspannung hat, auch noch mit Gewalt den Kopf auf die Brust ziehen und ihm damit zu allem Überfluss auch noch die Sicht nehmen, was denken Sie wohl, was Sie damit erreichen? Richtig, das Gegenteil. Die Anspannung und Furcht Ihres Pferdes wird sich massiv verstärken, das Pferd wird versuchen, um jeden Preis den Kopf hochzubekommen, um sich einen Überblick zu verschaffen und bei dem Kampf gegen die Gewalt des Hebels der Schlaufzügel oder des heute so beliebten, tierschutzrelevanten Reitens in Rollkur/LDR wird es sich definitiv blockieren, verletzen und sich Schmerzen zufügen.

Selbst wenn sich Ihr Pferd in dieser Situation „nur“ die Halswirbelsäule und das Genick blockiert, den ersten

Brustwirbel sowie wahrscheinlich den Widerrist, das Kiefergelenk und das Zungenbein und damit die Schulter. Selbst wenn es sich „nur“ die Muskulatur zerrt und das Nackenband überstrapaziert, selbst wenn es die Schmerzen in dem Moment aufgrund des hohen Adrenalinspiegels nicht wahrnimmt:
Es wird diese Situation mit Angst und Stress verknüpfen. Sollte Ihr Pferd Ihnen zuvor vertraut haben, können Sie dieses Vertrauen mit einer solchen Maßnahme rasch wieder verlieren. Das gilt natürlich nicht nur bei Wind, sondern immer, wenn „Hilfsmittel“ eingesetzt werden, um ein Pferd besser kontrollieren zu können.

Wenn also das nächste Mal der Wind um die Halle oder den Reitplatz pfeift, Sie auf dem Turnier an den flatternden Fahnen vorbeimüssen oder am Blumentopf, machen Sie sich klar, dass Ihr Pferd nicht böse ist. Es will Sie auch nicht ärgern. Es fühlt sich nur einfach nicht sicher und sein Nervensystem programmiert sich und den gesamten Körper automatisch auf „Flucht“. Die Muskelspannung ist hoch, das Pferd jederzeit bereit loszuschießen und zu fliehen.
Einer von Ihnen muss diesen Spannungskreislauf durchbrechen und es ist sehr wahrscheinlich, dass es nicht Ihr Pferd sein wird, welches auf einmal beschließt, keine Angst mehr zu haben. Versuchen also Sie das Programm zu ändern, lenken Sie Ihr Pferd ab und konzentrieren Sie es auf sich, indem Sie zum Beispiel Vorhandwendungen, Hinterhandwendungen und Schenkelweichen reiten.
Lassen Sie unbedingt die Zügel los. Je angespannter das Pferd, desto wichtiger ist ein loser Zügel - denn durch Druck

auf dem Zügel verstärken Sie die Anspannung im Pferd. Loben Sie jeden kleinsten Hinweis auf ein Entspannen des Pferdes, also wirklich jedes Abschnauben und Hals fallen lassen.

4.2 Abwechslungsreich trainieren

Ich habe an verschiedenen Stellen davon berichtet, wie sehr mich die Reiterei meiner Großmutter fasziniert hat. Bereits als sehr kleines Kind war ich davon gebannt, wie sie die nervösesten, schreckhaftesten Pferde am langen, durchhängenden Zügel ritt. Jedes Kopfhochreißen oder zur-Seite-Springen wurde von ihr konsequent ignoriert und sie ritt immer so lange weiter, bis das Pferd den Hals fallen ließ, abschnaubte, anfing zu kauen, losließ und sich entspannte. Am Tag darauf dauerte es nur noch die Hälfte der Zeit, bis es so weit war und nach einigen Tagen liefen die Pferde bereits nach wenigen Runden zufrieden kauend und schnaubend am langen Zügel.

Da wir keine Halle hatten, ritt sie außerdem immer draußen, auf dem Platz, der Reitbahn, oder im Gelände und viele ihrer Pferde lernten die fliegenden Wechsel und Traversalen auf einer großen Heidefläche im hohen Heidekraut, auf löchrigem, unebenem Boden. Die Tage, an denen nur auf dem Platz geritten wurde, waren an einer Hand abzuzählen: Wohl arbeiteten wir die Pferde häufig vor einem Ausritt zunächst auf dem Platz, anschließend ging es dann jedoch ins Gelände. Wir ritten auf fast jedem Ausritt auch querfeldein durch den Wald, ließen die Pferde ihren eigenen

Weg finden, über Baumstämme steigen und springen und auf jedem Terrain zurechtkommen. Die „Galoppstrecken" auf denen wir lange und schnell galoppierten, waren meist gerade Waldwege ohne allzu viele scharfe Kurven, bestehend aus je einer Spur sandigen Waldbodens, inklusive herausstehender Baumwurzeln, Pfützen, ebenerem und unebenerem Boden.
Der einzige Grund, der uns zum Durchparieren gegeben wurde, waren Steine - denn auf steinigem Untergrund oder Asphalt durfte nicht galoppiert werden, das war ein Grundgesetz. Ansonsten jedoch ging es im Trab und Galopp auch über durchaus unebenen Boden, bergauf und bergab, von den Wettrennen auf den Stoppelfeldern im Sommer ganz zu schweigen. Obwohl unsere Pferde den ganzen Tag auf der Weide standen, waren sie bei jedem Ausritt voller Energie und gingen sehr gerne durch. Speziell auf einigen Strecken, wo wir wirklich immer galoppierten, war es fast nicht möglich, die Pferde nur zu traben oder gar Schritt zu reiten. Sie zackelten, fingen an zu bocken und zu pullen und waren erst zufrieden, wenn es in vollem Galopp den Weg hinunterging.
Keines unserer Pferde hatte irgendwelche Sehnenschäden, muskuläre Erkrankungen, Konditionsschwächen oder Schwierigkeiten mit der Balance. Es gab bisweilen einmal ein Hufgeschwür, aber das war es auch schon und wahrschcinlich war dieses abwechslungsreiche Training ein Grund für diese Robustheit.
Heute werden die allermeisten Pferde Tag für Tag in der Reithalle geritten oder auch mal auf dem Außenplatz, jedoch stets auf dem gleichen, ebenen Boden und immer im Kreis

herum. Diese Art der Arbeit verhindert, dass die Pferde wirklich ganzheitlich, körperlich und mental gefordert und ausgebildet werden. Hinzu kommt der bereits besprochene bei vielen Pferden fehlende freie Auslauf und die Möglichkeit, mit anderen Pferden spielen zu können, was bedeutet: Sie haben auch in dieser Hinsicht keinen Ausgleich und trainieren nur sehr wenige Muskeln, da sie sich selten anders bewegen, als in dem immer gleichen Schema.
Durch diese Art von Haltung und Training werden die Pferde naturgemäß anfälliger für Verletzungen und Blockaden, in welchem Maße sie anfälliger werden, ist allerdings schon überraschend: Ich kenne etliche Beispiele von Pferden, die auf die Weide gelassen werden und sofort diverse Blockaden in Rücken, Hals und Becken haben, eine angerissene Sehne oder einen gezerrten Rückenmuskel. Ein einziger Ausritt genügt heutzutage, damit ein Pferd sich vertritt und über mehrere Monate eine Bänderzerrung auskurieren muss - was dann sofort zum Anlass genommen wird, das Pferd gar nicht mehr auf die Weide zu stellen und auf keinen Fall jemals wieder auszureiten.
Das, liebe Reiterinnen und Reiter, kann doch bitte nicht das Ziel sein. Wenn man das Bild der Hallenreiter im Kopf hat, die viermal weiß bandagiert von Spiegel zu Spiegel reiten und ihre Bandagen theoretisch nie waschen müssten, mag es schwer zu glauben sein, aber: Reiten ist ein Outdoorsport.

Im Sinne Ihres Pferdes möchte ich Sie ermutigen, es wieder als solchen zu betreiben. Wenn Sie viel ausreiten, bekommt Ihr Pferd jede Menge neue Eindrücke, es lernt, in schwierigem Gelände trittsicher zu bleiben, Eigeninitiative

zu entwickeln und seinen Weg zu finden. Es trainiert alle Muskeln, die Reaktionsfähigkeit und das Gleichgewicht durch die sehr verschiedenen Anforderungen.
Ganz gleich, was Sie reiterlich anstreben, Dressur, Springen, Olympia oder Freizeitvergnügen: Trainieren Sie abwechslungsreich. Gehen Sie schwimmen, galoppieren Sie bergauf, bergab und springen Sie über Baumstämme, reiten Sie durch Bäche und Flüsse, reiten Sie querfeldein, machen Sie ein Rennen auf einem Feld.

Das Argument der Verletzungsgefahr sehe ich nicht, wenn Sie Ihre Pferde konstant in dieser Art trainieren, werden sie weniger anfällig für Verletzungen als ihre Reitbahn-Artgenossen. Gleichermaßen gilt das im Übrigen für innere Erkrankungen wie Magengeschwüre und Atemwegsinfektionen.

Wenn Sie auf diese Art des Trainings verzichten, nehmen Sie sich und Ihrem Pferd eine hervorragende Möglichkeit, mit Abwechslung, Spaß und verschiedenen Eindrücken an der frischen Luft ihrer beider Koordination und Ausdauer zu verbessern.

4.3 Das junge Pferd

Training im Sinne fairer Reiterei sollte auch bedeuten, dass junge Pferde wie junge Pferde behandelt werden.

Bei uns galten die Pferde früher bis sie sieben waren als Remonten, also im Grunde als Kinder, von denen nicht viel mehr erwartet wurde, als die gängigen Umgangsformen zu lernen, das kleine Einmaleins und das Alphabet.

Zunächst wurden unsere Pferde dreijährig longiert, mit einem weichen Ledergurt und normalen Lederausbindern, welche seitlich am Gurt befestigt wurden und so lang verschnallt waren, dass die Nase stets vor der Senkrechten blieb. Einige Wochen später kam der Sattel dazu, dann wiederum drei bis sechs Monate später, je nach körperlicher Entwicklung und Balance des Pferdes, ein leichter und gut ausbalancierter Reiter. Dieser legte sich einige Tage hintereinander für wenige Sekunden über den Sattel und glitt dann sofort wieder zu Boden. Selbst wenn das Pferd stand wie ein Baum, wurde strengstens darauf geachtet, dass der Reiter nur diese paar Sekunden auf dem Sattel liegen blieb.

Keines der Pferde kam so jemals in die Situation, sich zu fürchten oder sich überfordert zu fühlen. Jede erwünschte Reaktion wurde sofort überschwänglich gelobt und bestärkt und erst wenn das Pferd sich mit dem zusätzlichen Reitergewicht sicher und gut ausbalanciert bewegte, locker in allen drei Grundgangarten lief und abschnaubte, ohne jegliche Anzeichen von Widersetzlichkeit oder Angst, wurde die Longe abgenommen. Zu diesem Zeitpunkt hatte das Pferd dann schon gelernt, die treibenden Hilfen und die Zügelhilfen zu verstehen. Dann wurde nicht lange auf dem

Platz herumgeritten, sondern es ging mit einem sicheren Verlass- und Führpferd am langen Zügel ins Gelände. Querfeldein durch den Wald, durch Bäche und Pfützen, kleine Sprünge über Baumstämme, Asphalt, Sand, Waldboden, bergauf und bergab im Schritt, Trab, Galopp. Nicht lange, maximal fünfundvierzig Minuten, um sicherzugehen, das Pferd weder körperlich noch, durch die vielen neuen Eindrücke, mental zu überfordern.

Aber das genügte vollkommen und hatte mindestens zwei entscheidende Vorteile: Erstens wurden die Pferde von Anfang an auf unterschiedlichem Terrain geritten, entwickelten dadurch hervorragende Trittsicherheit, Gleichgewicht und Muskulatur. Durch das erfahrene Führpferd kamen sie zudem nie in Situationen, in denen sie Angst oder Stress hatten, gewannen Selbstvertrauen und Mut.

Zweitens waren Reiter und Pferd viel zu sehr mit anderen Dingen beschäftigt, als dass sie den Fokus ihrer Aufmerksamkeit permanent und ausschließlich auf die Hilfen und die Einwirkung des Reiters hätten richten können. Das Pferd lernte quasi nebenbei, während es hinter oder neben dem Führpferd durch Wald und Feld lief, was die einzelnen Reiterhilfen zu bedeuten hatten. Die Pferde sammelten so vom ersten Moment an Selbstbewusstsein, Erfahrungen und körperliche und mentale Fähigkeiten, die sie so, wie das Training junger Pferde heute vielerorts gehandhabt wird, definitiv nicht bekommen hätten.

Bis sie fünf waren, wurden die Pferde maximal an fünf Tagen in der Woche gearbeitet, inklusive eines Longen Tages. Diesen Pferden fiel es fünf- und sechsjährig überhaupt nicht schwer, geradegerichtet und im Takt in gleichmäßiger Anlehnung Traversalen zu gehen, aus dem Halten oder aus dem Rückwärtsrichten anzugaloppieren und sich zu versammeln, obwohl sie das eigentlich noch gar nicht „gelernt" hatten.

In der Ausbildung eines Pferdes ist, außer Vertrauen, vielfältiges, abwechslungsreiches Training am wichtigsten.

Nach allem, was ich in den letzten Jahren gesehen habe, ergibt sich heute jedoch ein ganz anderes Bild: Junge Pferde werden zwei bis vier Wochen lang longiert, dann kommt ein Lehrling in den Sattel, da die besseren Reiter nicht auf die jungen Pferde steigen, aus Angst, sich bei einem Sturz zu verletzen. Ab da wird geritten und vor dem Reiten ablongiert. Das Reiten findet ausschließlich in der Reithalle statt, weil die Überzeugung herrscht, je weniger Störfaktoren in der Umgebung seien, desto geringer sei die Gefahr, herunterzufallen. Die Pferde werden, vermutlich aus der gleichen Angst heraus, von Anfang an „durchgestellt" und beigezäumt, ausreiten käme für die meisten Reiter aus Gründen der „mangelnden Kontrolle" nie infrage. Als Ausrede wird wieder die „hohe Verletzungsgefahr für das Pferd" und der dafür notwendige große Zeitaufwand herangezogen.

Das bedeutet allerdings in der Realität: Nerven, Muskeln und Knochen dieser jungen Pferde werden immer auf die gleiche Art und Weise beansprucht und bekommen keinerlei unterschiedliche Reize, um sich umfassend zu entwickeln. Das Pferd lernt nicht, sich vielfältigen Situationen zu stellen und diese zu bewältigen, es wird dadurch nicht in seinem

Selbstbewusstsein gestärkt und zu einem gelassenen, mutigen, souveränen Partner erzogen.
Es wird im Gegenteil möglichst weitgehend von sämtlichen Reizen abgeschirmt und in Situationen, die neu und bedrohlich für es sind, in denen es also Angst zeigt, noch stärker beigezäumt und mit Gerte und Sporen durch die Situation gezwungen. Es wird fast ununterbrochen in Anlehnung geritten und in Lektionen gearbeitet, körperliche und mentale Abwechslung bei Reiter und Pferd findet nicht statt. Mit der Folge, dass das Pferd durch die ständige Reiterei in der Halle, die natürlich stinklangweilig für es ist, damit beginnt, sich viel zu sehr auf alles zu konzentrieren, was der Reiter macht. Da aber die allermeisten der Reiter, die auf den ganz jungen Pferden sitzen, recht weit davon entfernt sind, perfekt zu reiten, schleichen sich Fehler ein, auf die das Pferd reagieren zu müssen glaubt. (Wenn Sie ein junges Pferd im Gelände reiten, können Sie ruhig einmal versehentlich zu hart einwirken oder nicht ganz im Gleichgewicht sein, ohne dass Ihr Pferd das wirklich wahrnimmt oder gar abspeichert).
Beim immer gleichen Training in der Halle wird Ihr Pferd jedoch auf kleinste Fehler achten und sie sich merken.
Dadurch, dass nur in der Halle / auf dem Platz trainiert wird, werden außerdem viel zu früh viel zu hohe Ansprüche an das Pferd gestellt: Dem Reiter ist es auf die Dauer auch zu langweilig, Schritt, Trab, Galopp außen herumzureiten und er beginnt mit Übergängen zum Halten, Rückwärtsrichten, fliegenden Wechseln, versammelnden Lektionen und dergleichen mehr.

Diese Reiter machen einen Fehler. Nur weil ein Pferd so aussieht, als könnte es eine schwierige Aufgabe bewältigen, heißt das nicht, dass es damit mental und körperlich nicht komplett überfordert ist.

Meiner Erfahrung nach klafft zwischen der Entwicklung des Exterieurs und des Interieurs bei vielen Pferden eine gewaltige Lücke, heute noch viel mehr als früher. Gerade bei Pferden mit gutem In- und Exterieur, die sich „anbieten", muss man peinlich genau darauf achten, nach spätestens zwanzig Minuten Schluss zu machen und nicht einfach weiterzureiten „weil es gerade so super läuft".

Die Pferde werden heute also zweieinhalbjährig angeritten, dann kommen sie mit Glück noch einmal für ein paar Wochen auf die Weide, bevor sie dreijährig innerhalb von vier Wochen „oben ran gestellt" und mit Gerte und Sporen getriezt werden, damit sie „Gummi bekommen". Was bedeutet: Das Pferd soll möglichst spannig werden, damit die Trabtritte spektakulärer aussehen und der Galopp „ausdrucksvoll". Sobald das erreicht ist, geht es aufs Turnier und damit dann auch Platzierungen erreicht werden und aus dem Pferd ein „Turnierpferd" wird, wird es bestraft, wenn es vor etwas Angst hat.

Auf den Abreiteplätzen werden bereits bei den ganz jungen Pferden „Rollkur" und „LDR" als Mittel zur Unterwerfung und Kontrolle eingesetzt und aus demselben Grund werden die Nasenriemen so stramm wie möglich gezogen und dann wird abgeritten, bis das Pferd schweißnass ist. So reiten die Teilnehmer dann in die Prüfung, übrigens stets mit Sporen bewaffnet, was in der Pferdeausbildung früher verboten war. Meiner Meinung nach haben Sporen an einem Reiter auf

einem Pferd, welches jünger als fünf Jahre ist, nichts zu suchen. Das Pferd soll lernen, auf den Druck des Schenkels und feine Hilfen zu reagieren, Sporen sind lediglich zur Verfeinerung der Reiterhilfen in den schweren Klassen gedacht.
Es gewinnt dann meistens tatsächlich das Pferd mit der größten Spannung, und zwar unabhängig davon, ob es möglicherweise Schweiß überströmt ist, die Nüstern aufgerissen, die Gefäße abgequetscht durch den zugezerrten Nasen- und Pullriemen, die Zunge blau, an den Seiten des Bauches deutlich sichtbar Sporen eingesetzt wurden, das Pferd eventuell sogar noch Striemen durch den Einsatz der Gerte aufweist.
Im Protokoll steht dann so etwas wie: „Ein Pferd mit viel Potenzial, losgelassen, sicher an den Hilfen, durchlässig, klar im Takt und weit entwickelt“ oder etwas Ähnliches. Ich frage mich wirklich, ob die Richter dann dasselbe Pferd gesehen haben wie ich. Soviel ich weiß benötigen Richter in Deutschland eine spezielle Ausbildung, sollte diese nicht auch die Skala der Ausbildung umfassen? Und falls das so wäre, sollten die Richter dann nicht angehalten sein, danach zu urteilen? Ist es gewollt, dass mehr und mehr der Eindruck entsteht, im Pferdesport ginge es überhaupt nicht mehr um Tradition, Fachwissen und klare Regeln, bei denen das Wohl des Pferdes im Vordergrund steht, sondern nur noch und ausschließlich um Profit? Solche Pferde gewinnen die Turniere für ihre Reiter, bis sie sieben oder acht sind und werden danach nie wieder gesehen, weil sie schlicht und ergreifend kaputt sind - physisch und psychisch. Der

Verkäufer hat schnelles Geld verdient und das Pferd hat es mit seiner Gesundheit bezahlt.
Ich kenne etliche drei- und vierjährige Pferde, deren Magenwände bereits vollkommen zerfressen sind. Aufgrund enormen Stresses, permanenter körperlicher und mentaler Überforderung und nicht ansatzweise artgerechter Haltung. Aus denselben Gründen verschleißen die Knochen und Gelenke, das Pferd befindet sich immerhin noch mitten im Wachstum. Es gibt Mütter, die satteln ihren Kindern die fünfjährigen Pferde, weil die Jugendlichen „doch noch wachsen und nicht so schwer heben sollen" und lassen dieselben Kinder/Jugendlichen dann auf nicht ansatzweise ausgewachsenen Pferden M-Springen reiten - oder Pi und Pa im Dressurtraining: „Probier mal! Der bietet das doch an!"
Der/die Jugendliche freut sich natürlich, gilt es doch als cool, besonders schwere Lektionen zu reiten oder möglichst hoch zu springen und er/sie durchschaut ja nicht, dass er/sie vielleicht einfach das nachholen soll, was die ehrgeizige Mutter in ihrem Leben nicht erreicht hat. Was auch immer diese Menschen antreibt: Es geht zulasten des Pferdes.

Noch ein Satz zu dem „schnellen verkaufsfertig machen": Bei allen Auktions- und Verkaufspferden, die ich im Laufe der letzten Jahre untersucht habe, war der lange Rückenmuskel vollkommen verspannt, extrem schmerzhaft und teilweise entzündet, ebenso wie die Lenden- und Kruppenmuskulatur und der Musculus Psoas. Viele dieser Pferde hatten bereits Entzündungen des Nackenbandes und ließen sich überhaupt nicht vorwärts- abwärts reiten.

Kunden von mir, die solche Pferde erworben hatten und einen anderen Ansatz in der Reiterei und im Umgang mit dem Pferd verfolgten, brauchten Monate, teils Jahre, bis das Pferd sich das erste Mal reell fallen ließ, abschnaubte, den Bauch anhob und den Rücken aufwölbte.
Es dauert maximal zwei Wochen, ein Pferd unter Spannung „oben ran" zu reiten, aber ungefähr ein Jahr, um es wieder reell vorwärts-abwärts reiten zu können.
Sie glauben gar nicht, wie schnell sich eine solche falsche Aufrichtung in einem jungen Pferd verfestigt.

Es ist vielleicht an der Zeit, dass alle Reiter folgendes verstehen: Die heutigen, perfekt gezüchteten Pferde sehen nur so aus, als wären sie fertig. Sie wachsen ganz genauso lange, wie die robusten Pferde von früher, man merkt es bloß nicht mehr, weil sie von Anfang an einen so perfekten Eindruck machen und so gut funktionieren. Das heißt: Sie wehren sich kaum noch, selbst wenn sie überfordert sind oder Schmerzen haben.
Nur weil die Zuchtziele sich in den vergangenen Jahren immer mehr auf spektakuläre Bewegungen, „Rittigkeit" und „einfache Bedienbarkeit" konzentriert haben, ist das kein Grund, ein junges Pferd so zu behandeln, als sei es ausgewachsen - körperlich und mental.

4.4 Der Rücken und vorwärts-abwärts

Der Pferderücken hat für uns Reiter eine besondere Bedeutung, denn immerhin ist es der Teil des Pferdes, auf dem wir sitzen. Nicht umsonst ist es sicher einer der in der Reiterwelt am häufigsten erwähnten Körperteile des Pferdes und besonders der Begriff „vorwärts-abwärts“ wird im Kontext des Pferderückens immer wieder genannt. Über ebendiesen Begriff, wie auch über andere Details, die den Rücken betreffen, sind heutzutage einige Irrtümer verbreitet.

Es beginnt schon einmal damit, dass „Der Rücken“ des Pferdes nicht als einzelne Struktur zu betrachten ist. Er steht im Gegenteil in enger Verbindung mit Kopf, Hals, Schulter, Vorhand, Brust, Bauch, Becken und Hinterhand, also wirklich mit dem gesamten restlichen Pferdekörper - insofern ist die Vorstellung vieler Reiter, „den Rücken“ separat trainieren zu können, leider unrichtig. Das grundlegende Bestreben den Pferderücken zu stärken ist hingegen essenziell und richtig, handelt es sich hierbei doch um einen schon ohne zusätzliches Reitergewicht sehr strapazierten Körperteil:

Die Basis des Rückens bildet die Wirbelsäule, was in diesem Fall ein eher irreführender Begriff ist, denn von einer Säule zu sprechen, erweckt den Eindruck einer stabilen, massiven Konstruktion. Durch die horizontale Lage handelt es sich beim aber Pferd sehr viel mehr um eine Hängebrücke, die durch verschiedene Muskelgruppen und Strukturen wie das Nacken-Rückenband am (allzu tiefen) Durchhängen gehindert wird.

Auch ohne Reitergewicht hat der Pferderücken also die Tendenz sich nach unten hin durchzubiegen und zusätzlich sind auch noch verschiedene Organe des Pferdes von unten an der Wirbelsäule aufgehängt, welche ein ziemliches Gewicht mit sich bringen: Alleine der Verdauungstrakt macht in leerem Zustand etwa fünf Prozent des Körpergewichtes des Pferdes aus, plus die durchschnittlich im Verdauungstrakt befindlichen circa hundertneunzig Liter Flüssigkeit. Da ich die Dichte dieser Flüssigkeit nicht kenne, würde ich für dieses Beispiel einmal von Wasser ausgehen, welches eine geringe Dichte hat und im Vergleich zu anderen Flüssigkeiten also weniger wiegt. Bei einem leeren (!) Verdauungstrakt bei einem normalen, sechshundertfünfzig Kilogramm schweren Pferd ziehen also bereits zweihundertzwanzig Kilo die Wirbelsäule nach unten, nur durch die Därme. Bevor Sie einen Sattel oder sich selber auf dem Pferderücken platziert haben und damit weiter Richtung Schwerkraft einwirken und auch nur, wenn Ihr Pferd zuvor gefastet hat, was hoffentlich niemals der Fall ist! Bei einem gefüllten Verdauungstrakt erhöht sich das Gewicht schnell um ein Vielfaches.

Als wäre dieser Umstand nicht schon schwierig genug, sind in der Hängebrücken-Wirbelsäule des Pferdes mindestens 185 einzelne Gelenke verbaut. Jedes von ihnen besteht aus Kapsel, Knorpel, Gelenkschmiere, Gelenkbändern für seitliche Stabilität und kann im Prinzip genauso von Entzündungen, Arthrosen, Bänderzerrungen und anderen typischen Gelenk-verbundenen Erkrankungen betroffen sein, wie jedes andere Gelenk im Körper.

Durch die Wirbelkörper hindurch verläuft das Rückenmark, aus dem zwischen den einzelnen Wirbeln Spinalnerven austreten. Diese werden häufig gereizt, wenn es zum Beispiel zu Blockierungen in der Wirbelsäule kommt und verursachen dann oft sehr schmerzhafte Zustände.
Nur diese Fakten einmal zusammengenommen, wird, glaube ich, schon deutlich, dass das „Anfälligkeits-Potenzial" dieser Konstruktion auch ohne zusätzliches Reitergewicht ziemlich groß ist.
Die Stärkung des Pferderückens sollte also einen der wichtigsten Trainingsinhalte für ein Reitpferd darstellen, was die allermeisten Reiter ja durchaus auch zum Ziel haben. Die gute Nachricht ist: Eine Kräftigung des Rückens ist möglich. Einen ganz wesentlichen Beitrag dazu leistet die Arbeit des Pferdes im sogenannten vorwärts-abwärts, wobei man sich die Zugwirkung des Nacken-Rückenbandes zunutze macht. Indem man das Pferd mit der Nase als vorderstem Punkt und tiefem Hals reitet, kommt die Wirkung des vorwärts gerichteten Zuges des Nacken-Rückenbandes effektiv zum Tragen: Durch diese „Aufspannung" des Nacken-Rückenbandes wird der Wirbelbrücke in sich die notwendige Stabilität verliehen, um die Rückenmuskulatur kurzfristig von ihrer Haltefunktion zu befreien, denn nur wenn die Muskulatur nicht ausschließlich damit beschäftigt ist, ein Durchhängen des Rückens zu verhindern, kann sie arbeiten und sich aufbauen. Nur in dieser Haltung wird außerdem der Widerrist reell auseinander gefächert und erhält sich so seine Mobilität.

Die nicht so gute Nachricht ist: Viele Reiter verstehen heute unter vorwärts abwärts nicht genau das, was es eigentlich sein soll. Etliche Reiter trainieren ihre Pferde in einer Art und Weise, von der sie glauben, es handele sich um vorwärts-abwärts, sie würden somit das Pferd über den Rücken arbeiten und diesen kräftigen, setzen diese gut gemeinte Absicht aber in einer Weise um, die den gewünschten Effekt auch mit Jahren des Trainings nicht erzielen könnte.

Nach meinen Beobachtungen sieht das „über den Rücken arbeiten“ vieler Reiter so aus: Der Kopf des Pferdes wird in einer tieferen Halshaltung nah am Körper gehalten, während das Pferd in den Grundgangarten geritten wird - also tiefer Hals, tiefer Kopf, die Nüstern dabei hinter der Senkrechten. Eine Position, in der etliche Reiter ihre Pferde zur „Rückenkräftigung“ auch longieren. Dafür werden die Pferde dann gerne mit Schlaufzügeln ausgebunden, mit der Nase unterhalb der Brust oder, wenn nicht ganz so eng, so doch zumindest stets mit der Nase weit hinter der Senkrechten, abgeknicktem Genick, überbeugter Halswirbelsäule und überdehntem Nackenstrang und Nackenband.

Ich habe in meiner Laufbahn zahllose Pferde behandelt, die diverse Blockierungen im Widerrist, Genick, der Halswirbelsäule, dem Becken und am Übergang zwischen dem letzten Lendenwirbel und dem Kreuzbein aufwiesen und habe angeordnet, diese Pferde nach der Behandlung eine Woche lang ausschließlich vorwärts abwärts zu arbeiten. Wenn ich nach einer Woche zur Kontrolle kam, waren nicht selten alle Blockaden wieder da und wirklich jedes Mal, wenn ich mir dann daraufhin demonstrieren ließ, wie die vorwärts-abwärts Arbeit bei dem speziellen Reiter aussah, war es exakt die oben beschriebene, falsche Haltung.

Deswegen zur Klarstellung: Der Satz „Ich trainiere den Rücken meines Pferdes, indem ich es vorwärts-abwärts longiere/reite“ ist sofort unrichtig, wenn diese Arbeit in einer Position durchgeführt wird, in der nicht die Nüstern, sondern die Ohren den vordersten Punkt des Pferdes bilden - denn „den Rücken“ trainieren Sie in dieser Haltung nicht. Was in dieser Haltung passiert, ist folgendes: Der Hals wird gebeugt statt gestreckt, wodurch die eigentlich gewünschte Wirkung, nämlich der vorwärts gerichtete Zug auf das Nackenband, mit dessen Hilfe auf diese Weise die Wirbelsäule angehoben werden soll, nicht eintreten kann. Das Aufrichten der Wirbelsäule durch den Zug des Nacken-Rückenbandes ist es aber, was die notwendige Stabilität verleiht, um den Schwung aus dem Hinterbein durch den ganzen Rücken nach vorne fließen zu lassen und die langen Bauch- und Rückenmuskeln effektiv arbeiten zu lassen.

Ich vermute, dieses „eng und tief“ hat das eigentliche vorwärts-abwärts aus einem recht einfachen Grund verdrängt: Ein Pferd reell vorwärts-abwärts und damit tatsächlich über den Rücken zu arbeiten, stellt eine der schwersten Herausforderungen in der Reiterei dar. Ich weiß aus eigener Erfahrung, wie schwierig es ist, ein Pferd in einem korrekten vorwärts-abwärts zu reiten oder zu longieren, ganz besonders, wenn das Pferd nicht von Anfang an auf diese Weise gearbeitet wurde.

Mit dem anfangs besprochenen Aufweichen der strengen Regeln und der Schule der Kavallerie gingen immer mehr Reitlehrer und Bereiter dazu über, statt des eigentlichen, reellen, aber sehr viel Schwierigeren, vorwärts - abwärts ein „eng und tief“ als dieselbe Trainingsart zu verkaufen.

Es ist erstaunlich, aber irgendwie scheint es sich durchgesetzt zu haben, denn die Reiter trainieren ihre Pferde ja in dieser falschen Haltung in der absolut gut gemeinten Annahme, sie würden ihr Pferd dabei über den Rücken arbeiten. Viele Reiter sind überzeugt je „runder“ das Pferd, desto gesünder und besser für den Rücken. Einen weiteren Grund vermute ich in der angestrebten vermehrten „Kontrolle“, die das Reiten in dieser Art der Hyperflexion und derartig weit hinter der Senkrechten mit sich bringt, was ja auch ein Stück weit stimmt, da das Pferd durch die Einschränkung seines Sichtfeldes verunsichert wird.

Das echte vorwärts-abwärts hingegen hat mit „Kontrolle“ im Sinne von eingerolltem Pferd und anstehendem Zügel absolut gar nichts zu tun, weshalb sich viele Reiter in einem echten vorwärts-abwärts auch erst einmal sehr unwohl fühlen.

Sie glauben gar nicht, wie viele Reiter, die auf einem hohen Niveau erfolgreich an Turnieren teilnehmen, sich nicht überwinden können, die Zügel im Trab und Galopp einmal komplett lang zu lassen und das Pferd sich wirklich nach vorne ab strecken zu lassen.

Ein reelles vorwärts-abwärts ist nämlich tatsächlich ein ziemlich „gerader“ Hals. Das Genick ist geöffnet, die Nüstern sind also deutlich vor der Senkrechten. Sobald sich die Nase in dieser Haltung nur etwas unterhalb des

Buggelenks befindet, beginnt bereits das vorwärts-abwärts und dieses kann dann so weit erweitert werden, dass die Nase des Pferdes im Sand schlurft.
Aber: Das Genick muss zu jeder Zeit geöffnet sein, die Nase muss also zu jeder Zeit der vorderste Punkt des Pferdes sein. Dies ist einer der Gründe, warum ich es für so wichtig halte, als Reiter an seinem Sitz und Können zu arbeiten, in dem man zum Beispiel ohne Sattel, ohne Zaumzeug oder nur mit Halfter und Strick reitet. Denn es ist doch etwas seltsam, einen Grand Prix reiten zu können, sich aber nicht zu trauen, sein Pferd am hingegebenen Zügel zu galoppieren oder auch nur zu traben.
Wenn Sie es schaffen, ein Pferd in korrektem vorwärts abwärts zu reiten, mit der Nase als vorderstem Punkt, werden Sie erst merken, wie viel Schwung eigentlich in Ihrem Pferd steckt. Wenn hingegen die Ohren des Pferdes der vorderste Punkt sind, weil es im Genick abgeknickt ist und sich einrollt (oder vom Reiter eingerollt wird), kommt der Schwung nicht einmal richtig am Kreuzbein an.
Das Genick/Hinterhauptbein und das Kreuzbein sind miteinander verbunden und beeinflussen sich gegenseitig. Ein abgeknicktes, also überbeugtes Genick wirkt sich auf die Beweglichkeit des Kreuzbeins aus, wo der gesamte Schwung aus der Hinterhand über die sogenannten Kreuzdarmbeingelenke auf die Wirbelsäule übertragen wird.
Weil mich der Zusammenhang zwischen dem „eng und tief“ und den wiederkehrenden Blockaden wirklich interessierte, habe ich das im Rahmen einer Mini-Studie einmal überprüft: Zu diesem Zweck untersuchte ich

insgesamt fünfundsiebzig Pferde, welche jeweils zunächst nur mit Halfter und Strick auf die Stallgasse gestellt wurden. Ich testete in dieser normalen Haltung die Beweglichkeit des Kreuzbeines und der Kreuzdarmbeingelenke bei jedem Pferd, dann ließ ich die Pferde auftrensen, ihnen einen Longiergurt anlegen und sie mit Dreieckszügeln in der oben beschriebenen engen/tiefen Haltung (Ohren vorderster Punkt des Pferdes) ausbinden.
Nun führte ich denselben Test erneut durch und tatsächlich: Die Beweglichkeit des Kreuzbeins hatte rapide abgenommen, und zwar zu meiner Überraschung nicht nur die des Kreuzbeines, sondern auch beider Kreuzdarmbeingelenke. Nun ließ ich die Schlaufzügel, Longiergurte und Trensen wieder abnehmen und führte den Test ein drittes Mal durch. Dieses Mal lockte eine Hilfsperson die Pferde unter Zuhilfenahme von Möhren in eine korrekte vorwärts abwärts Haltung, also mit dem Kopf tiefer als das Buggelenk, aber mit geöffnetem Genick und der Nase als vorderstem Punkt. Und siehe da: Die Kreuzdarmbeingelenke waren wieder normal beweglich, das Kreuzbein etwas angehoben, federnd und frei.
Eine Haltung, bei der zwar Hals und Kopf tief sind, jedoch die Ohren den vordersten Punkt des Pferdes darstellen, verhindert also nicht nur ein Aufwölben des Rückens, sie schränkt auch die Mobilität des Beckens und des Überganges von Lendenwirbelsäule zu Kreuzbein ein und verhindert damit eine echte Übertragung von Schwung und Schub aus der Hinterhand. Das Pferd kann dann gar nicht anders, als „hinten rauszulaufen", es schwingt also mit den Hinterbeinen nicht unter seinen Körper nach vorne,

sondern verlängert die Schritte quasi in die andere Richtung, nach hinten.

Zusammengefasst erreichen Sie mit der Arbeit in dieser engen Haltung folgendes: Sie überbeugen die Halswirbelsäule und das Genick und überdehnen Nackenband und Nackenstrang. Sie trainieren die Unterhalsmuskulatur, da das Pferd versucht, dem Druck auf Gebiss und Genick auszuweichen, den Sie durch diese enge Haltung naturgemäß verstärken. Sie versetzen das Pferd in Stress, da Sie das Sichtfeld des Pferdes einschränken. Sie blockieren das Becken und damit die Schub- und Schwungübertragung auf den Rücken. Und falls doch noch etwas Schwung auf den Rücken übertragen wird, stoppt dieser ziemlich abrupt spätestens im Widerrist, da an dieser Stelle der falsche Knick beginnt und ein Durchlaufen des Schubes und Schwunges über den locker nach vorne - unten fallenden, gestreckten Hals nicht möglich ist. Sie blockieren den Übergang von Lendenwirbelsäule zu Kreuzbein, das Pferd kann nicht untertreten und läuft hinten heraus. Sie bauen keine starken Rücken- und Bauchmuskeln auf, da die Wirbelbrücke durch den fehlenden vorwärts Zug des Nackenbandes nicht angehoben wird und somit nicht in sich die Stabilität erreicht, die vonnöten ist, damit Rücken- und Bauchmuskultur effektiv arbeiten können, anstatt nur ihrer Haltefunktion nachzukommen. Sie provozieren sowohl Blockaden des Genicks, des Zungenbeines, der Kiefergelenke, der Schultern, des Widerrists, der letzten Lendenwirbel, des Kreuzbeines, der Kreuzdarmbeingelenke, als auch Entzündungen im Bereich des Nackenbandansatzes

und seiner Schleimbeutel sowie in den Kreuzdarmbeingelenken.
Was also gut gemeint ist, geht auch hier bei falscher Ausführung rasch in die vollkommen falsche Richtung. Achten Sie unbedingt darauf, Ihr Pferd korrekt vorwärts abwärts zu reiten.
Merken Sie sich: Es geht zunächst nicht darum, die Nase besonders tief zu halten, sondern besonders weit vorne. Wenn Ihr Pferd diese Haltung einmal verinnerlicht hat, wird es den Kopf von ganz alleine immer tiefer senken.
Dafür müssen Sie aber die Zügel loslassen.

4.5 Spiegelgelenke

Bevor ich weiter auf das Training des Pferdes eingehe, möchte ich kurz von einigen, wie ich finde, wichtigen Zusammenhängen berichten. Ich habe im Laufe meiner beruflichen Tätigkeit immer wieder festgestellt, dass die Gelenke des Pferdes sich jeweils diagonal beeinflussen: Eine Blockade des rechten Kiefergelenkes geht fast immer einher mit einer Blockade des linken Kreuzdarmbeingelenkes und andersherum, blockiert sich die linke Hüfte, findet sich wahrscheinlich auch eine Blockierung der rechten Schulter und andersherum, eine schmerzhafte Erkrankung des linken Sprunggelenkes führt zu Einschränkungen im Bereich des rechten Carpalgelenkes und andersherum. Plus: eine Genickblockade zieht fast immer eine Blockade des Kreuzbeines nach sich, und andersherum.

Für die Behandlung des Pferdes kann ich mir diese Verbindungen zunutze machen: Hat ein junges Pferd zum Beispiel eine wachstumsbedingte Schwäche der Kniebänder und dadurch Schwierigkeiten im rechten Knie, kann ich durch die Behandlung des linken Ellbogens den Zustand des Knies verbessern. Die andere Seite der Medaille und der Grund, warum ich immer wieder über diese Zusammenhänge spreche ist: Wenn ich durch die Beeinflussung eines Gelenkes das Spiegelgelenk auf der anderen Seite positiv beeinflussen kann, kann ich das auch negativ tun.

Reite ich zum Beispiel mit zu viel Abstellung Schulterherein rechts und überlaste so die linke Schulter, wird mir die rechte Hüfte ausfallen und das Pferd mit dem rechten Hinterbein keine Last aufnehmen - der eigentliche Sinn dieser Übung wird also außer Kraft gesetzt.

Bringe ich beim Reiten zu viel Druck auf den rechten Zügel, blockiere ich damit das rechte Kiefergelenk und in der Folge das linke Kreuzdarmbeingelenk, eine harte Hand/zu viel Beizäumung setzt somit die Hinterhand außer Kraft und ich kann mit zu starker Einwirkung des rechten Zügels eine „Zügellahmheit" des linken Hinterbeines provozieren.

Speziell bei jungen Pferden ist ein solches Kürzertreten mit dem linken Hinterbein sehr schnell hineingeritten, wenn der Bereiter eine starke rechte Hand hat. Dadurch können sich Muskeln und Bänder im Becken verkürzen und dieses Kürzertreten in Verbindung mit dem angenommenen rechten Zügel immer sofort wieder hervorrufen, auch wenn keine eigentliche Blockade besteht. Natürlich gilt das auch

für den linken Zügel mit dem rechten Hinterbein, aber die meisten Reiter haben eher eine sehr starke rechte Hand.
Es gibt besonders empfindliche (oder mit schlechten Erfahrungen versehene) Pferde, die sofort in den Pass fallen, sobald der Reiter im Schritt die Zügel aufnimmt, denn die Spannung, die durch das Aufnehmen der Zügel in den Kiefergelenken entsteht, wird auf die gegenüberliegenden Kreuzdarmbeingelenke übertragen und das Pferd versucht, durch das Vorsetzen des gleichseitigen Beines, diese Spannung zu mindern, was es damit auch tut.

Es ist allgemein bekannt, dass Pferde dazu neigen, bei Erkrankungen der Gliedmaßen diagonal zu kompensieren: also eine unerkannte Erkrankung der rechten Hintergliedmaße zum Beispiel über kurz oder lang eine Lahmheit vorne links verursachen kann. Über die rätselhaften Verbindungen der Spiegelgelenke habe ich bisher jedoch keinerlei Lektüre finden können. Wenn man sich diese Zusammenhänge als Reiter einmal deutlich macht, eröffnen sich ganz neue Ansätze für das tägliche Training.

4.6 Anspannung, Entspannung und Überforderung

Neben einer soliden Vertrauensbasis ist das Allerwichtigste für jede Arbeit mit dem Pferd es niemals zu überfordern. Wie ich schon in anderen Kapiteln erklärt habe, ist es extrem einfach, ein Fluchttier wie das Pferd in höchste Anspannung zu versetzen. Es hingegen in einen Zustand von Entspannung und (Los-) Gelassenheit zu bringen, aus dem heraus dann genau das Maß an Körperspannung aufgebaut werden kann, welches für die jeweilige Aufgabe benötigt wird, ist deutlich schwieriger.

Weder in sehr hoher Anspannung noch in totaler Entspannung kann man jedoch effektiv trainieren: Durch zu hohe Anspannung verspannt die Muskulatur und drückt, vereinfacht gesagt, die Blut - und Lymphgefäße im Gewebe zusammen, sodass die Versorgung der Muskeln mit Sauerstoff und Nährstoffen nicht mehr optimal gewährleistet ist. Der Muskelstoffwechsel wird also eingeschränkt und das ist natürlich keine gute Voraussetzung, um einen Muskel aufzubauen. Dazu gehört auch, dass die Abbauprodukte aus dem Muskelstoffwechsel, also quasi der „Müll“, nur noch mangelhaft abtransportiert werden, was zu einer Anreicherung im Gewebe und zu einer sogenannten „Übersäuerung“ führen kann und ein „übersäuerter“ Muskel ist sehr schmerzhaft.

Ein solcherart angespannter Muskel kann sich zudem nicht weiter anspannen, das heißt: Das Potenzial ist hier bereits ausgeschöpft und jede weitere Anforderung verstärkt zwar den Stress im Muskel, führt aber nicht zu einer größeren Arbeitsleistung desselben, denn er ist schon an den Grenzen seiner Leistungsfähigkeit angekommen. Um einen Muskel zum Wachsen zu veranlassen und seine Leistungsfähigkeit zu erhöhen, muss dieser Muskel zwischen Anspannung und Entspannung hin und her wechseln - die Trainingspausen sind daher genauso wichtig wie das Training selbst.

Zu große Entspannung hingegen funktioniert auch nicht: ein Pferd, welches lethargisch durch die Halle schlurft ohne auch nur einen Huf aus dem Sand zu nehmen, baut natürlich keine Muskulatur auf, nur ein Muskel, der beansprucht wird, wächst und wird stärker.

An das Reiten von Lektionen oder gar das Überwinden von Hindernissen darf man in so einem Zustand ohnehin nicht denken, das wäre im besten Fall schlicht nicht möglich, im schlechtesten Fall potenziell lebensgefährlich, denn je schwieriger die Aufgabe, desto mehr (positive) Spannung benötigt das Pferd. Es wäre etwa absoluter Wahnsinn, ein Pferd ohne entsprechend angespannte Muskulatur und einen gewissen innerlichen Erregungsgrad durch einen normal schweren Geländeparcours reiten zu wollen. Ein winziger Moment der Unachtsamkeit, der fehlenden Muskelspannung oder Reaktionsfähigkeit kann hier tödliche Folgen haben - sowohl für das Pferd als auch für den Reiter.

Auch Piaffe oder Passage, fließende Serienwechsel oder ein reelles vorwärts-abwärts reiten zu wollen, wird ohne die entsprechende Körperspannung nicht gelingen.

Wir brauchen also, um unsere Pferde effektiv zu arbeiten und höhere Anforderungen mit ihnen meistern zu können, immer für einen kurzen Zeitraum eine erhöhte positive

Anspannung im Pferd. Die Betonung liegt auf: für einen kurzen Zeitraum und positive Spannung.
Auf den Unterschied zwischen positiver und negativer Spannung werde ich später noch genauer eingehen, aber hier schon einmal vorab: Die Spannung, die wir im Pferd haben möchten, entsteht durch die positive Zusammenarbeit zwischen Pferd und Reiter und entwickelt sich stetig aus der aufbauenden Arbeit. Das Pferd darf dafür gefordert, aber niemals überfordert worden sein, ist losgelassen und die Muskeln arbeiten in einem positiven Belastungszustand. Das geht nur in der Abwesenheit jeglicher Form von Angst oder Schmerz.
Um diese Art der positiven Muskelspannung und innerlichen Ausgeglichenheit erreichen zu können, muss das Pferd dafür körperlich und mental langsam und gewissenhaft aufgebaut worden sein, wozu ganz klar auch das bereits besprochene im Gelände reiten, schwimmen gehen und die Bodenarbeit, wozu ich gelegentliches Longieren zähle.
All dies sollte circa neunzig Prozent der Gesamtbelastung des Pferdes ausmachen, was bedeuten würde: Es blieben zehn Prozent für Wettkämpfe. Das ist allerdings nicht das, was ich in der Realität beobachte. Die Teilnahme an Wettkämpfen scheint für viele Reiter absolute Priorität zu haben. Für diese Wettkämpfe wird so hart trainiert, wie es geht, denn es gilt offenbar die weitverbreitete Meinung: Je mehr ein Pferd trainiert wird, desto mehr Muskulatur baut es auf und desto erfolgreicher kann man es reiten.
Das stimmt im Grunde. Allerdings nur dann, wenn das Pferd sich wohlfühlt und körperlich und mental den

Anforderungen gewachsen ist, das heißt: nicht überfordert wird. Jede Überforderung des Pferdes kann sich, übrigens bemerkenswert schnell, negativ auf den körperlichen und seelischen Zustand des Pferdes auswirken.

Ein kerngesundes Pferd ohne Blockaden oder sonstige Einschränkungen kann durch Überforderung schnell und leicht krank werden. Ich werde hier zur Verdeutlichung eine Geschichte wiedergeben, die sich genau so zugetragen hat und von der ich viele weitere kenne:

Ein Reiter wollte sein im Februar sechsjähriges Pferd von L auf M Niveau (Dressur) bringen. In der Saison zuvor (fünfjährig) war er L geritten, davor die Saison Dressurpferde A, dreijährig Reitpferdeprüfungen, das Pferd war, seit es drei war, immer auf Turnieren geritten worden.

Der Reiter begann nun in „der Winterpause" damit, es stärker zu versammeln, wozu das Pferd körperlich und mental nicht in der Lage war, da der Fokus in den Jahren zuvor stets auf den Turnierteilnahmen und nicht so sehr auf einer gründlichen Ausbildung und Gymnastizierung/Stärkung des Pferdes gelegen hatte. Das Pferd versuchte dennoch es dem Reiter recht zu machen, die Muskulatur verspannte und übersäuerte, Blockaden entwickelten sich, Schmerz entstand und das Stresslevel des Pferdes erhöhte sich - durch die Schmerzen und durch die permanente Überforderung.

Es bekam eine Magenschleimhautentzündung, wodurch die Nährstoffe nicht mehr optimal aufgenommen werden konnten, das Pferd baute ab. Der Reiter sagte zu mir: „Verstehe ich überhaupt nicht, warum der abbaut, ich trainiere den jeden Tag eine Stunde!".

Woraufhin ich ihm erklärte, dass das Pferd Schmerzen und Stress habe und die tägliche Stunde Training die Situation immer weiter verschlimmere, dass sein Pferd ganz klar körperlich und mental überfordert sei und er dringend einen Schritt zurückgehen müsse. Das war offenbar nicht das, was der Reiter hören wollte und er teilte mir mit, das sei Humbug. Statt meinen Rat zu befolgen, begann er noch mehr Kraftfutter in das Pferd zu füttern. Wodurch die Muskulatur noch stärker übersäuerte.
(Kleiner Tipp: Kraftfutter bei verspannten Pferden immer sofort reduzieren und Kalorien/Energie durch Pflanzenöl zuführen. Größere Portionen Rauhfutter geben, also Heu und Stroh.)
Das Pferd wurde durch die zunehmenden Schmerzen und die damit einhergehende weitere Erhöhung des Stresslevels zunehmend schreckhafter und „schlecht gelaunt", wurde beim Reiten immer heißer und widerwilliger und begann bereits beim Gurten und Satteln zu giften.
Dafür wurde es vom Reiter bestraft, was den Stress des Pferdes naturgemäß noch weiter verstärkte. Schließlich bekam das Pferd eine Kolik, wurde in die Klinik verbracht und operiert, überlebte die OP allerdings nicht mehr.
Dabei wollte der Reiter „einfach nur" mit seinem Pferd von L Niveau auf M Niveau wechseln.

Merke: Eine anhaltende Überforderung kann, je nach Sensibilität und Charakter des Pferdes, für das Pferd unter Umständen lebensbedrohlich werden.

Ich möchte dabei unbedingt auch noch einmal darauf hinweisen, dass Pferde bereits an Schmerzen sterben können. Durch das sehr dominante vegetative Nervensystem kann es durch extreme Schmerzen zu einem Kreislaufschock und Organversagen kommen. Gleichzeitig werden die Schmerzäußerungen des Pferdes häufig übersehen, weil es sich leider nicht so laut äußert wie ein jaulender Hund.
Achten Sie unbedingt darauf.
Etliche Pferde, die nicht mit Geduld und Vernunft aufgebaut und ausgebildet werden, sondern vierjährig auf Turnieren oben ran und zusammengezogen „die Lampen austreten“ oder „Springpferde L“ gehen müssen („Ist ja eine Springpferdeprüfung, einfach aufgebaut“) bekommen Sehnenschäden, Arthrosen schon in jungen Jahren und jede Art von Verschleiß, Magenerkrankungen, Muskelerkrankungen und leiden natürlich unter erheblichen psychischen Beeinträchtigungen sowie ständigen Schmerzen.

Deshalb, und das ist mir wirklich überaus wichtig: Gerade, wenn Sie ein braves, freundliches Pferd haben, das immer alles richtig machen möchte, müssen Sie als Reiter zu jedem Zeitpunkt absolut sicher sein, dass Sie Ihr Pferd nicht überfordern und dass es keine Schmerzen oder körperliche Einschränkungen hat.

Nehmen Sie sich bei jedem Pferd in jedem Alter Zeit für die gründliche Ausbildung, denn wenn Sie Ihr Pferd von Beginn an gezielt kräftigen und stärken (auch in seinem

Selbstvertrauen!) können Sie lange auf einem gesunden Pferd auf höchstem Niveau reiten.
Wenn Sie jedoch meinen, sich die gewissenhafte Gymnastizierung Ihres Pferdes nach der Skala der Ausbildung verkneifen zu können, kann es sein, dass Ihr Pferd die Umstellung von L auf M Niveau nicht übersteht.

4.7 Positive Spannung

Da der Begriff der Positiven Spannung eine eigene, von mir gebrauchte Bezeichnung ist, möchte ich kurz erläutern, was ich darunter verstehe:
Das Pferd ist ruhig, locker und durchlässig, aufmerksam und auf den Reiter konzentriert. Durch die Erhöhung der eigenen Körperspannung bringt der Reiter das Pferd nun ebenfalls in einen Zustand höherer Muskelspannung, das Pferd spannt die Bauchmuskeln an, der Rücken wird dadurch angehoben, die Rückenmuskulatur arbeitet unter Entlastung. Das Pferd tritt vermehrt unter und richtet sich wie von selbst auf, die Tritte werden erhabener, der Rücken schwingt, Rücken und Vorhand des Pferdes „kommen dem Reiter entgegen".
Alle Muskeln arbeiten deutlich sichtbar, ohne dabei zu überspannen. Das Pferd ist konzentriert, aufmerksam und auf seinen Reiter fokussiert. Explizit treibende Hilfen sind nicht notwendig, der Kontakt zwischen Bein/Sitz und Pferd genügt. Die Verbindung zum Pferdemaul ist sanft und im

Grunde genommen irrelevant, da man ein Pferd auch gebisslos in positiver Spannung reiten kann oder ganz ohne Sattel und Trense.
Zu jeder Zeit ist es möglich, aus dem Zustand der positiven Spannung in die komplette Entspannung hinein zu wechseln, also hingegebener Zügel (wenn vorhanden), locker und lang nach vorne-unten fallender Hals, Abschnauben, Pferd und Reiter komplett entspannt. Genauso ist es jederzeit möglich, aus der Entspannung wieder in die positive Spannung zu gelangen, dazu genügt es, dass der Reiter seine eigene Körperspannung wieder erhöht.
Die Positive Spannung wird bei mir auch genutzt, um ein Pferd reell vorwärts-abwärts zu reiten-in jeder Gangart.
Ganz unbedingt gehören für mich Lob, regelmäßige Schrittpausen am hingegebenen Zügel und Leichttraben am langen Zügel nach vorwärts - abwärts zu jedem Training.
Bei einem bereits seit Jahren derart trainierten Pferd sollten die Reprisen, in denen in höherer Spannung geritten wird, also beispielsweise gesprungen wird oder schwere Lektionen geritten werden, niemals mehr als zwanzig Prozent einer Trainingseinheit betragen. Fünfzig Prozent sollte in positiver Spannung gearbeitet werden und dreißig Prozent sollten die Schrittpausen auf das Training verteilt einnehmen.

Am Beispiel eines mit dieser Methode austrainierten Pferdes würde das für eine Stunde Training bedeuten: 12 Minuten dieser Stunde entfallen auf das Üben von versammelnden Lektionen oder Sprüngen, 30 Minuten wird das Pferd in positiver Spannung geritten und 18 Minuten geht das Pferd Schritt am langen Zügel.

Das Aufwärmen ist darin nicht enthalten. Die Dauer des Aufwärmens richtet sich nach Faktoren wie der Außentemperatur und ob das Pferd gerade von der Weide kommt oder im Stall stand. Bei 30 Grad braucht man natürlich nicht so lange Schritt zu reiten wie bei minus 12 und wenn das Pferd gerade den ganzen Tag auf der Weide in Bewegung war, braucht man ebenfalls weniger Zeit darauf zu verwenden. Anders sieht das eben aus, wenn das Pferd zuvor im Stall stand und/oder es sehr kalt ist.

Dann braucht es mindestens 20, eher 30 Minuten Schritt, ehe alle Gelenke ordentlich geschmiert und optimal beweglich sind, die Muskulatur gut durchblutet und mit Sauerstoff versorgt ist und der Organismus für höhere Leistungen bereit ist.

Das Aufwärmen bringt den Kreislauf auf Touren, verbessert die Durchblutung und die Gelenke erreichen ihre volle Beweglichkeit. Die Reaktionsfähigkeit der Muskulatur steigt, was unter anderem auch die Reflexe verbessert, sodass reiterliche Hilfen schneller und besser umgesetzt werden können. Von einem nicht oder nur ungenügend aufgewärmten Pferd kann also kein blitzschneller Schenkelgehorsam, Durchlässigkeit oder perfekte Anlehnung erwartet werden. Mangelhaftes Aufwärmen birgt außerdem eine erhebliche Verletzungsgefahr für das Pferd.

Pferde in freier Wildbahn sind immer in Bewegung und haben daher jederzeit die Möglichkeit, im Galopp zu flüchten. Ein Pferd, welches mehrere Stunden in der Box stand, ist jedoch weder physisch noch psychisch auf schnelle Bewegung und Leistung vorbereitet. Das ist ein wenig so, als würde man als Mensch nach zwanzig Stunden im Bett ein

Sprint-Training absolvieren: Weder Kopf noch Körper wären darauf vorbereitet.
Das Training beginnt also erst, nachdem das Pferd 10 bis 30 Minuten am hingegebenen Zügel Schritt gegangen ist.
Es folgen 10 Minuten Arbeit in positiver Spannung im Trab und Galopp, Schulterherein, Schenkelweichen, Galopp-Trab-Übergänge, Trab-Schritt-Übergänge, Schlangenlinien, je nach Ausbildungsstand von Pferd und Reiter, aber ganz klar mit dem Fokus auf dem Lösen und Biegen und Gymnastizieren des Pferdes in der Positiven Spannung.
Es werden hier ausschließlich Aufgaben eingebaut, die Pferd und Reiter aus dem Effeff beherrschen.
Dann folgen 5 Minuten Schritt am hingegebenen Zügel, Pferd und Reiter sind dabei komplett entspannt.
Dann wieder 10 Minuten Arbeit in positiver Spannung, versammelter Galopp, versammelter Trab, Halten, Rückwärtsrichten, Traversalen, aus dem Halten antraben und angaloppieren, je nach Ausbildungsstand von Reiter und Pferd - aber mit dem Fokus vermehrt auf gesetzterem Tempo, dem Bergauf und dem Untertreten. Beim Springtraining würden in dieser Phase das Reiten über Kavaletti auf gebogenen Linien, Gymnastikreihen und kleinere Sprünge anstehen.
Dann folgen wieder 5 Minuten Schritt am hingegebenen Zügel, Pferd und Reiter sind komplett entspannt. Es folgen die 12 Minuten, in denen richtig an Lektionen gearbeitet wird, also an den Traversalen, den fliegenden Wechseln, der Piourette, der Piaffe und Passage, eben all dem, was man sich mit seinem Pferd auf seiner Stufe der Ausbildung gerade erarbeitet. Das kann auch die ganze Parade sein oder der

Außengalopp, der Mitteltrab oder einfach nur das präzise Angaloppieren. Die ganzen 12 Minuten können auch darauf verwendet werden, dass Pferd und Reiter einen korrekten einfachen Galoppwechsel erarbeiten, es geht hier wirklich nur darum diese zwölf Minuten konzentriert zu arbeiten.

Beim Springen würden nun höhere Sprünge und schwierigere Distanzen geritten. Dann wieder 5 Minuten Schritt am hingegebenen Zügel, Pferd und Reiter komplett entspannt. Dann noch einmal 10 Minuten Arbeit in positiver Spannung, wobei der Fokus jetzt auf einem reellen vorwärts-abwärts liegt, also angespannter Bauch, lockerer Rücken, fallender Hals, ruhiges Tempo, Energie im Pferd lassen, nicht einfach alles wegschmeißen und Nase in den Sand, das hat in diesem Fall keinen positiven Effekt.

Ich persönlich beginne hier meist mit ein paar Runden im Galopp und trabe dann den Rest der Zeit auf großen gebogenen Linien. Dann der Übergang zur letzten Schrittphase. Man kann das Pferd aus dem ruhigen Trab fließend in den Schritt wechseln lassen und noch circa 3 Minuten in einer losen Verbindung, also am langen, aber nicht hingegeben Zügel Schritt reiten, man kann aber auch schon im Trab die Zügel aus der Hand kauen lassen und am hingegebenen Zügel zum Schritt parieren. Es folgen circa 10 Minuten Abwärmen im Schritt am hingegebenen Zügel.

Natürlich sind das alles nur Richtwerte und niemand stellt sich einen Wecker, um die Abschnitte haargenau einzuhalten, aber es ergibt Sinn, sich ungefähr daran zu orientieren. Bei untrainierten Pferden verkürzen sich die Trainingsdauer und damit die einzelnen Reprisen selbstverständlich entsprechend, bei einem voll

austrainierten Vielseitigkeitspferd verlängern sie sich, es ist also kein starrer Plan, sondern als Richtlinie gedacht.
Es bedarf Geduld und Übung bis Reiter und Pferd das Konzept der Positiven Spannung verinnerlicht haben, aber wer das Gefühl auf einem solchen in positiver Spannung gehenden Pferd einmal gehabt hat, möchte nie wieder anders reiten.
Sie werden erstaunt sein, wie schnell Ihr Pferd auf einmal aufmuskelt an Stellen, an denen Sie jahrelang erfolglos gearbeitet haben, mit wie viel Motivation Ihr Pferd plötzlich wieder mitmacht, wie viel fröhlicher Sie selbst vom Pferd steigen und wie viel leichter Ihr Pferd auf einmal zu reiten ist. Ein Pferd, das sicher in positiver Spannung läuft, kann ohne Schwierigkeiten auch von kleinen Kindern geritten werden. Diese Art des Trainings steigert eben nicht nur die Leistungsfähigkeit der Muskulatur und stärkt den Bewegungsapparat, sondern es setzt auch voraus, dass das Pferd sich voll auf seinen Reiter konzentriert, daher sind Kinder auf solcherart gerittenen Pferden wunderbar aufgehoben.
Ich habe dieses Konzept aus meinen Erfahrungen von früher und heute erarbeitet und ein ganz wesentlicher Aspekt war dabei, dass Lob und Schrittpausen für uns früher absolut selbstverständlich waren, ich heute jedoch fast niemanden mehr sein Training dafür „unterbrechen“ sehe.

In meinem Konzept sind die Schrittpausen und das Lob Teil des Trainings - nicht eine Unterbrechung desselben.

Zum einen, weil besagte Trainingspausen für das Wachstum der Muskulatur unverzichtbar sind, zum anderen, weil Pferde durch positive Verstärkung am einfachsten und nachhaltigsten lernen.

Diese Art des Trainings kann auch jederzeit auf einem Ausritt eingebaut werden, wenn sich irgendwo ein Stück schöner Waldboden, eine gemähte Wiese, eine Heidefläche oder ein Stoppelfeld anbietet.

4.8 Longieren

Während es bei uns früher für die erwachsenen Pferde maximal einen Longentag in der Woche gab, kann man heute beim Blick in die Reithallen meinen, für viele Reiter sei Longieren das eigentliche Reiten.
In fast jedem Stall werden gerade mindestens zwei Pferde longiert, und zwar genauso lange, wie sonst geritten würde, 30, 45 Minuten und länger. Die Pferde laufen (wie schon beschrieben meist eng ausgebunden) Runde um Runde um Runde, alle paar Minuten wird ein Handwechsel eingebaut und das Ganze findet meistens auf einem Zirkel von sechs bis maximal acht Metern Durchmesser statt.
Ich habe versucht mir zu erklären, warum denn nicht mindestens der vorgeschriebene Durchmesser von 14 Metern eingehalten wird und zunächst geglaubt, es läge daran, dass die Longiererei in den Reithallen und auf den

Reitplätzen stattfindet - wodurch logischerweise die Reiter gestört werden und dass die Longierer den Zirkel verkleinern, um diese Störung möglichst gering zu halten. Offenbar ist das aber gar nicht der Grund: Auch in leeren Reithallen wird stets auf einem circa sechs bis acht Meter kleinen Zirkel longiert. Da mich ja solche Dinge immer interessieren, zum Beispiel herauszufinden, warum Reiter ihre Pferde überhaupt so exzessiv longieren sollten und dann auch noch mutwillig und ohne Not auf einem derart kleinen Kreis, habe ich möglichst viele dieser Longier-Reiter gefragt und die häufigste Antwort auf die Frage `warum so viel longieren' war:

„Das ist super gut für den Rücken, damit trainiere ich die Rückenmuskulatur."

Die zweithäufigste Antwort war:

„Der braucht das, sonst wird der nicht locker."

Die dritthäufigste Antwort war:

„Ich habe heute nicht so viel Zeit."

Die häufigste Antwort auf die Frage `warum so kleiner Zirkel´ war:

„Der bockt sonst los und verletzt sich noch." / „Ich habe den sonst nicht unter Kontrolle."

Die zweithäufigste Antwort war:

„Wieso kleiner Zirkel? Wenn ich den noch größer mache, habe ich ja gar keine Rippenbiegung mehr."

Die dritthäufigste Antwort war:

„Was soll die komische Frage? Ich will den halt richtig durcharbeiten!"

Also: 1. Ja, longieren ist grundsätzlich gut für den Pferderücken, zum Lockern und Lösen und um das Pferd ohne das Reitergewicht zu bewegen. Das funktioniert allerdings nur, wenn das Pferd dabei seine Wirbelbrücke aufspannen kann, also den Hals nach vorne unten ab strecken kann und das Genick immer geöffnet bleibt, sprich: die Nüstern den vordersten Punkt des Pferdes bilden. Da alle diese Pferde eng ausgebunden waren, teils sogar in LDR-Manier, kann von einem positiven Effekt hier nicht ausgegangen werden. Im Gegenteil, eine solche Art der Bewegung wird dem Pferd eher schaden.

2. Wenn Ihr Pferd nur an der Longe „locker" wird, sollten Sie eventuell nach dem Grund dafür suchen.

3. Ob Sie fünfundvierzig Minuten reiten oder longieren ist der exakt gleiche Zeitaufwand. Ein Pferd zu satteln dauert definitiv nicht länger, als einen Longiergurt aufzulegen und Ausbinder ein zu schnallen.

4.Wenn Ihr Pferd an der Longe jedes Mal los bockt und rennt, ist es sehr wahrscheinlich, dass es sonst einfach nie die Möglichkeit dazu hat und wenn Sie schon am Boden nicht mit Ihrem Pferd so kommunizieren können, dass eine ruhige Arbeit möglich ist, sollten Sie erst einmal daran arbeiten.

5. Biegung findet auf jedem Kreis statt, vollkommen egal, wie groß der Durchmesser ist. Der Zirkel sollte stets einen Mindestdurchmesser von vierzehn Metern haben. Jetzt einmal ehrlich: welcher Reiter käme auf die Idee, sein Pferd 45 Minuten lang auf einer acht Meter Volte zu reiten?

6. „Durcharbeiten“ können Sie Ihr Pferd nur unter dem Sattel. Die Longe dient lediglich der Lockerung ohne Reitergewicht sowie der Grundausbildung junger Pferde.

Sie provozieren durch ständiges und übermäßiges Longieren Blockaden, Sehnen- und Banderkrankungen, sowie Verschleiß, denn Longieren mag für den Rücken gut und sinnvoll sein, für die Gliedmaßen ist es das aber eher nicht.
Es wirken Fliehkräfte auf das Pferd und besonders auf die Beine: Laufen Sie in einem engen Kreis und Sie werden merken, wie viel mehr Last Sie auf Ihr inneres Bein bekommen und wie viel mehr Sie mit dem äußeren Bein ausgleichen müssen, um nicht hinzufallen. Das ist beim Pferd auch so, nur dass es immer zwei Beine betrifft.
Es kompensieren dann vor allem die Karpalgelenke, der Fesselträger, der Widerrist, die Gelenke des Beckens und der Hinterhand und die Lendenwirbelsäule, deshalb sieht man übrigens Blockaden oder Erkrankungen der Karpalgelenke und des Fesselträgers an der Longe sofort.
Naturgemäß sind von dieser vermehrten Belastung auch andere Sehnen und Bänder betroffen und Pferde mit bestehenden Erkrankungen des Sehnen- und Bandapparates, aber auch mit Arthrosen, Hufrollenerkrankung oder Spat sollten möglichst gar nicht, oder wenn nur auf einem sehr großen Platz longiert werden, sodass der Longenführer mitgehen und dadurch gerade Strecken einbauen oder auf einem sehr großen Zirkel longieren kann.

Longieren Sie am besten lieber nicht so oft und vor allem nicht auf einem Kreis, der kleiner als vierzehn Meter im Durchmesser ist. Ermöglichen Sie Ihrem Pferd außerdem ein artgerechtes Leben auf großen Weiden, dann findet das Ausbocken nämlich dort statt. Arbeiten Sie an der Vertrauensbasis und Ihrer Kommunikation mit Ihrem Pferd, wenn dort alles stimmt, haben Sie Ihr Pferd auch „unter Kontrolle" wenn Sie gar keine Longe befestigt haben.

Die Arbeit an der Longe sollte sich bei einem gesunden, erwachsenen Reitpferd auf ein bis maximal zweimal pro Woche beschränken und jeweils eine Dauer von 30 Minuten nicht überschreiten.

4.9 Überhitzung Pferd

Überhitzung beim Pferd ist ein häufig unbeachtetes, aber äußerst wichtiges Thema - denn Pferde überhitzen sehr viel schneller als Menschen. Das bedeutet: während dem Reiter ein bisschen warm geworden ist, hat die Körpertemperatur des Pferdes möglicherweise bereits ein gefährliches Niveau erreicht.

Jeder Reiter sollte daher wissen: Bei extrem heißem, schwülem Wetter genügen dafür bereits 15 Minuten moderates Training. Innerhalb der Arbeitsmuskulatur des Pferdes wurden bereits nach dieser kurzen Zeit 43 Grad und mehr gemessen - Temperaturen, bei denen Proteine zu

„kochen" beginnen und zerfallen, was zu Koliken und Nierenversagen führen kann.
Pferde haben leider außer Schwitzen nicht viele Möglichkeiten sich zu kühlen, sie schwitzen daher im Vergleich zu anderen Tieren schnell und stark, um durch die Verdunstungskälte Abkühlung zu finden. Bis zu 30 Liter Flüssigkeit gehen in einer Stunde auf diese Weise verloren und Flüssigkeits- und Elektrolytmangel sind schnell die Folge.
Das kann zum Schock führen.
Sowohl ein Nierenversagen als auch ein Schockzustand sind potenziell lebensbedrohlich.

Deshalb mein Rat: Trainieren Sie Ihre Pferde bei heißem, schwülem Wetter nur moderat oder nur in den frühen Morgenstunden.

Achten Sie darauf, dass immer frisches, nicht zu kaltes Trinkwasser bereitsteht, ebenso wie ein Salz- oder Mineralleckstein und füttern Sie Mineralien und gegebenenfalls Elektrolyte zu, wenn Ihr Pferd übermäßig geschwitzt hat.
Stark verschwitzte Pferde sollten Sie nach der Arbeit und dem Abduschen nicht mit dem Schweißmesser abziehen - die zusätzliche Verdunstungskälte durch das im Fell verbleibende Wasser hilft dem Pferd beim Abkühlen.
In extremen Fällen können Sie das Pferd komplett duschen, abziehen und die Prozedur mehrmals wiederholen, auch kalte, nasse Handtücher auf Kopf und Hals des Pferdes bringen schnell und einfach Kühlung sowie das Bandagieren

der Pferdebeine mit in kaltem Wasser getränkten Bandagierunterlagen.
Wenn Sie zum bandagieren Wollbandagen verwenden, hält die Wirkung circa 10 Minuten, bei normalen Vließbandagen müssen Sie die Unterlagen nach circa 5 Minuten wechseln, da sie dann warm werden.
Diese Methode lässt sich auch zur Fiebersenkung anwenden.

4.10 Pferdebeine kühlen

Es war bei uns früher selbstverständlich nach jedem Training die Beine unserer Pferde mit einem Schlauch „abzuspritzen", wobei man alle vier Beine des Pferdes für einige Minuten kühlte. In der kälteren Jahreszeit nur bis zum Karpal- und Sprunggelenk, im Sommer die kompletten Beine und anschließend kurz den Hals und die Sattellage, wobei der Körper mit einem Schweißmesser abgezogen wurde, die Beine blieben nass.
Es hieß zur Begründung, das Abspritzen der Beine würde Sehnenverletzungen vorbeugen und wurde nie hinterfragt, sondern gehörte einfach genauso zum normalen Ablauf nach dem Reiten wie das Absatteln.
Das Interessante ist, dass ich vor einigen Jahren von einem Versuch gelesen habe, während dem bei Pferden die Temperatur in der oberflächlichen Beugesehne gemessen wurde. Bei einem längeren Galopp erhöhte sich die

Temperatur im Zentrum der Sehne um bis zu 11 Grad Celsius, der höchste gemessene Wert lag bei 45 Grad Celsius.
Ab einer Temperatur von 42,5 Grad Celsius sterben aber schon die für den Aufbau des Sehnengewebes zuständigen Zellen, die sogenannten Fibroblasten.
Das bedeutet: Theoretisch könnte eine länger anhaltende Erhöhung der Temperatur im Inneren der Sehne Faserrisse und Sehnenschäden begünstigen. Ein Detail, das meiner Großmutter ganz sicher nicht bekannt war, sie hatte einfach von den alten Rittmeistern und den Bauern gelernt, dass das Kühlen der Beine des Pferdes nach der Arbeit Verletzungen vorbeugt.
Es war eine Erfahrung, die vermutlich tatsächlich viele Verletzungen verhindert hat: Denn durch das längere Verweilen mit dem kalten Wasserstrahl auf jedem Bein wurde die Temperatur in den Sehnen effektiv wieder gesenkt.
Heutzutage werden Pferdebeine immer noch gekühlt. In den allermeisten Ställen sieht man allerdings Reiter/Innen, die Kühlgels und „Pferdesalben“ auf Beine schmieren und mit Kühlpacks bestückte, vibrierende Gamaschen anlegen.
Dieses Vorgehen hat einen logischen Widerspruch:
Die Kühlpacks kommen aus dem Eisfach und sollen das Gewebe möglichst tief kühlen - was ein Zusammenziehen der Blutgefäße zur Folge hat. Die gleichzeitige Vibration der Gamaschen soll aber die Durchblutung anregen, wofür eine Erweiterung der Blutgefäße notwendig wäre. Also was denn nun? Es erscheint mir recht widersprüchlich, den Blutfluss unter dem Einfluss von Kälte verbessern zu wollen, also eine

Erweiterung der Blutgefäße und vermehrte Durchblutung des Gewebes herbeiführen zu wollen, während man gleichzeitig die Blutgefäße durch Kälte zum Zusammenziehen veranlasst.
Bei den sogenannten Kühlgels gilt das gleiche Paradox: sie enthalten fast alle außer Menthol auch Kampfer. Das Menthol verdunstet auf der Haut und hinterlässt eine sogenannte Verdunstungskälte - das kennt jeder, der sich einmal Mentholsalbe unter die Nase geschmiert hat oder einfach selber einmal Pferdesalbe auf die eigene Haut aufgetragen. Der Kampfer hingegen bewirkt eine vermehrte Durchblutung/Erwärmung des Gewebes. Wenn man bedenkt, dass der Effekt der Verdunstungskälte bei einem aufgeschmierten Produkt sich hauptsächlich auf dem Fell abspielt und nicht einmal auf die Haut gelangt, ist der hier erzielte Kühleffekt zu vernachlässigen und diese Gels müssten folglich eigentlich „Durchblutungs-Gel" oder „Wärme-Gel" heißen, denn mit einer echten Kühlung des Beines hat das nicht viel zu tun.
Ich persönlich würde stets das Kühlen der Pferdebeine mit kaltem Wasser empfehlen. Ja, es dauert einige Minuten. Ja, man wird dabei unter Umständen nass. Aber das Pferd hat für den Reiter gearbeitet, da kann dieser doch zehn Minuten investieren, um ihm die Beine zu kühlen. Abgesehen davon kann man ihm gleich den Matsch von den Beinen und Hufen waschen.
Wenn Sie den Schlauch nehmen: Beginnen Sie beim jungen Pferd zum Gewöhnen an den Vorderfüßen, ansonsten lieber am Hinterfuß. Kühlen Sie immer von unten nach oben, also

vom Huf aufwärts und in der kalten Jahreszeit nicht höher als das Karpal-/Sprunggelenk.
Es spricht absolut nichts dagegen im Anschluss, wenn die Beine getrocknet sind, ein durchblutungsförderndes Gel darauf zu schmieren, wir wollen ja, dass die ohnehin chronisch schlecht versorgten Sehnen bestmöglich durchblutet werden - aber eben erst nach dem Kühlen.
Denn nur so kann eine Senkung der Kerntemperatur in den Sehnen, oder zumindest der oberflächlichen Beugesehne, erreicht werden.

4.11 Zirkuslektionen als Auslöser von Blockaden

Dehnungsübungen, und darunter fallen auch einige wenige Zirkuslektionen, sind für die allermeisten Pferde eine ausgezeichnete Trainingsergänzung und können, korrekt ausgeführt, eine sehr positive Wirkung haben.
Wie jeder Sportler weiß, schützen gut gedehnte Muskeln und eine gute Athletik wirksam vor Verletzungen und Pferde können sich nur bedingt selber dehnen. Die meisten würden sehr wahrscheinlich auch nicht auf die Idee kommen - obwohl ich einige Pferde kenne, die sich bewusst strecken und Beine und Rücken dehnen, wie es zum Beispiel auch Hunde tun. Wenn wir Dehnungsübungen mit unserem Pferd durchführen, arbeiten wir mit passiver Dehnung: Wir bewegen das Bein oder den Rücken oder den Hals und daher ist es notwendig, behutsam vorzugehen und wirklich nur

solche Übungen durchzuführen, die keinerlei Schaden verursachen können.
Manche Übungen, die in der Reiterwelt kursieren, können hartnäckige und schwerwiegende Blockaden und Verletzungen hervorrufen. Ich habe unter anderem auch Pferde zu meinen Patienten gezählt, mit denen viele Zirkuslektionen geübt wurden, was grundsätzlich ja durchaus auch positive Effekte haben kann - festigt es doch die Bindung zwischen Reiter und Pferd und kommt dem Spieltrieb des Pferdes entgegen. Aber: einige dieser Übungen scheinen für Pferde schädlich zu sein. Sicher entstehen auch hier viele Blockierungen, weil zu schnell vorgegangen wird und nicht langsam aufeinander aufgebaut, aber gewisse Übungen scheinen - unabhängig davon, wie langsam sie erarbeitet werden - die Entstehung von Blockaden zu begünstigen. Viele Pferde, mit denen etwa der „Spanische Schritt“ geübt wurde, hatten erhebliche Verspannungen im Schulter-/Nackenbereich, also am Übergang zwischen Hals und Brustkorb, Blockaden der Ellenbogen- und Schultergelenke, muskuläre Schmerzen in der oberen Rückenmuskulatur und Blockaden des Zungenbeines. Über den Schulter-Zungenbeinmuskel, welcher in der Schulterfaszie entspringt und an der unteren Halsseite entlang bis zum Zungenbein läuft, wo er ansetzt, können sich Verspannungen in der Schulter bis ins Zungenbein fortsetzen und dort zu Schluckbeschwerden, Schwierigkeiten in der Anlehnung, und Widersetzlichkeit führen. Das über die Maßen hohe Anheben der Vorderbeine im Spanischen Schritt scheint diese Strukturen zu überlasten, weshalb meine Empfehlung wäre, das Pferd die

Beine nicht bis zur Waagerechten anheben zu lassen, sondern darunter zu bleiben - wenn Sie so etwas denn unbedingt mit Ihrem Pferd üben wollen.

Das sogenannte „Kompliment“ ging bei der überwiegenden Mehrheit der von mir untersuchten Pferde mit einer Blockierung des linken Karpalgelenkes einher, einem Schulterhochstand der rechten Schulter und daraus resultierend häufig einer Blockierung der linken Hüfte. Wenn es mithilfe eines Seiles „geübt“ wurde, bei welchem Gedanken mir schon ganz anders wird, kam es zudem häufig zu Zerrungen und Verletzungen im Sehnen- und Bandapparat sowie der Schultermuskulatur.

Meine Empfehlung: verzichten Sie unbedingt auf Übungen wie diese und unter keinen Umständen bedienen Sie sich bei dem Erlernen solcher Zirkustricks irgendwelcher Hilfsmittel! Das ist umgehend tierschutzrelevant, das muss Ihnen klar sein.

Eine Übung, die ebenfalls sehr viele Blockierungen hervorruft und leider offenbar von vielen Physiotherapeuten, Chiropraktikern und Osteopathen als positiv empfohlen wird, ist das „Möhre zwischen die Vorderbeine halten“.

Fast alle Pferde, mit denen diese Übung durchgeführt wurde und die ich im Laufe meiner Tätigkeit untersucht habe, hatten teils gravierende Blockierungen: Genickblockaden und solche der Halswirbelsäule, besonders des zweiten bis vierten Halswirbels. Blockaden des Widerristes bis hin zu den Dornfortsätzen des dreizehnten und vierzehnten Brustwirbels, also weit bis in die Sattellage hinein, sowie des Karpalgelenkes, hier besonders des Erbsenbeines.

Ich vermute, diese Blockaden entstehen, weil die meisten Pferde hektisch nach der Mohrrübe greifen und eines oder beide Vorderbeine unnatürlich abknicken und belasten, um nicht hinzufallen.
Was diese spezielle Übung betrifft, bin ich überdies verwundert, wie viele Menschen diese „Dehnung" nutzen, sich auf der anderen Seite aber (richtigerweise) über die Rollkur oder enges Reiten empören, denn bei dieser Übung ist die Hyperflexion im Hals ganz ähnlich. Die Pferde strecken den Kopf teilweise weit unter den Bauch und sie machen beinahe einen Kopfstand. Wie man sich unschwer denken kann, werden bei einer solchen Bewegung das Genick und die Halswirbelsäule vollkommen unnatürlich abgeknickt. Das Nackenband und die Nackenplatte werden massiv überdehnt. Das Pferd wird außerdem in eine aus seiner Sicht extrem gefährliche Situation gebracht:
Es kann sein Umfeld nicht sehen, ein erheblicher Auslöser von Stress für ein Pferd. Ergo: Die Muskeln verkrampfen und eine Dehnung ist nicht mehr möglich.

Kein Pferd würde jemals aus freien Stücken eine solche Position einnehmen - was Pferde tun, wenn sie sich beim Spielen in die Vorderbeine beißen oder sich am Bein kratzen, ist eine andere Bewegung als die, um die es hier geht. Immer wenn mir diese Übung vorgeführt wurde, rissen die Pferde hektisch den Kopf unter den Bauch, um die Möhre zu ergattern-eine extrem abrupte und vollkommen ungesteuerte Bewegung. Diese spezielle Übung würde ich daher unbedingt durch andere Übungen ersetzen, etwa den Bauch stimulieren, um den Rücken aufzuwölben,

Rückwärtsrichten mit tiefem Hals und viele Trab-Galopp-Trab-Übergänge mit locker aus dem Widerrist fallenden Hals auf dem Zirkel.

Merke: Dehnungsübungen sollten Blockaden lösen, nicht herbeiführen. Man sollte unbedingt abwägen, ob die Risiken und die Verletzungsgefahr einen eventuell positiven Nutzen nicht überwiegen.

Kapitel 5
Das Training des Reiters und der losgelassene Sitz

5.1 Pferde reagieren auf Gedanken

Um Leichtigkeit und Harmonie beim Reiten zu erreichen, müssen wir als Reiter vor allem an uns selbst arbeiten.
Wie ich schon erläutert habe, reagieren Pferde auf Empfindungen und Gefühle - aber sie reagieren auch auf Gedanken. Meine Großmutter sagte immer über ihre sehr großrahmige Lieblingsstute, sie würde die Hilfen schon ausführen, wenn man nur an sie dächte und dass sie sich deshalb extrem konzentrieren müsse, wenn sie etwa Serienwechsel reite: In dem Moment, wo sie an den nächsten Wechsel dächte, den sie aber erst zwei Galoppsprünge später reiten wollte, spränge die Stute bereits um.
In der Tat sah ich meine Großmutter, besonders wenn sie dieses Pferd ritt, nie bewusst Hilfen geben. Dasselbe Pferd sprang mit mir als kleiner Steppke, deren Beine nicht einmal über das Sattelblatt hinausreichten, ebenfalls die fliegenden Wechsel, was mir die Richtigkeit dieser Aussage bewies, denn ich kann ausschließen, dass die Stute meine „Hilfen" als solche wahrgenommen hat. Wie erwähnt, ich wog vielleicht um die zwanzig Kilo und meine Beine endeten mit dem Sattelblatt.
Pferde reagieren definitiv bereits auf gedachte Hilfen, bevor der Reiter sie ausführt. Bei manchen Pferden reicht es an Galopp zu denken und sie galoppieren an, bei anderen, die nicht gerne galoppieren, denkt man an Galopp und sie

werden widersetzlich, legen die Ohren an, schieben die Hinterhand in die Bahn.

Wenn man als Mensch an eine bestimmte Bewegung denkt, reagiert der Körper bereits minimal und bereitet sich auf diese Bewegung vor. Das alles passiert in tausendstel Sekundenbruchteilen, also viel zu schnell, um uns selber wirklich bewusst zu werden, aber dieses minimale „sich vorbereiten" des Körpers reicht aus, um ein Pferd reagieren zu lassen - lange bevor Sie irgendeine Art von Hilfe gegeben haben.

Ich habe ja bereits erklärt, wie sensibel Pferde auf Anspannung in den Lebewesen in ihrer Umgebung reagieren, um Gefahren möglichst frühzeitig erkennen zu können und ich habe Ihnen in diesem Zusammenhang von dem Experiment zur Messung des Herzschlages berichtet. Die Reaktion auf die „gedachte Hilfe" und auf jedes Gefühl des Reiters ist ein Teil dieser instinktiven Sensibilität des Pferdes.

Das Erste, was ein Reiter daher verstehen muss, ist: Reiten erfordert höchste Konzentration und Selbstbeherrschung, und zwar nicht nur körperlich, sondern auch emotional. Die allermeisten Fehler werden durch uns Reiter verursacht, und zwar in vielen Fällen durch etwas, was wir vollkommen unbewusst tun: Weil wir selber unsicher sind, schief sitzen, zu viel Druck machen, nicht rechtzeitig oder eben zu früh an die nächste Lektion denken.

Lassen Sie mich das anhand einiger klassischer Beispiele verdeutlichen: Sie reiten einen Sprung an und die Distanz passt nicht, Sie können sich nicht entscheiden, ob Sie einen Galoppsprung weniger oder mehr machen wollen, sind unentschieden, Ihre Unsicherheit überträgt sich auf das Pferd und es bleibt schließlich kurz vor dem Sprung stehen. Wenn Sie es jetzt mit der Springgerte hauen und rückwärtsrichten und ihm im Maul herumreißen (etwas, das man auf Turnieren leider häufig sieht) bestrafen Sie Ihr Pferd dafür, dass es auf Ihre Unsicherheit reagiert hat. Hätten Sie in derselben Situation nicht darüber nachgedacht, ob die Distanz mit einem Galoppsprung mehr oder weniger zu reiten ist, sondern wären, ohne viel nachzudenken einfach vorwärts galoppiert, wäre das Pferd möglicherweise viel zu groß abgesprungen, aber es wäre nicht stehen geblieben.

Oder Sie sind im Parcours unterwegs und überlegen kurz, ob Sie eine Abkürzung nehmen sollen und in dem Moment, in dem Sie sich dagegen entscheiden, ist Ihr Pferd bereits ihrem Gedanken gefolgt und abgebogen.

Oder Sie reiten Serienwechsel und verzählen sich oder denken zu früh an den nächsten Wechsel und Ihr Pferd springt um.

Das Gleiche passiert, wenn der Reiter während einer Trabverstärkung den Impuls hat, schneller werden zu wollen und in der Lektion noch einmal richtig Druck macht. In der Folge galoppiert das Pferd dann an, weil es die treibende Hilfe im Mitteltrab mit dem Gedanken an „schneller" als Aufforderung zum Galopp verstanden hat. Häufig wird das Pferd dann leider in der Konsequenz hart durchpariert, im Maul gezogen und gestraft. All das sind Fehler, die von Ihnen, dem Reiter, verursacht wurden - Ihr Pferd hat lediglich fein und sensibel auf Sie reagiert.

Das Gleiche gilt für Gefühle, die sich vom Reiter auf das Pferd übertragen und wirklich enorme Auswirkungen auf Erfolg oder Misserfolg haben können. Ich kenne etliche Reiter, bei denen Zuhause alles perfekt klappt, aber auf dem Turnier überhaupt gar nichts mehr funktioniert, es gelingt keine einzige Lektion, das Pferd steht schon nicht bei der Grußaufstellung ordentlich still, scheut vor dem Richterhäuschen, galoppiert im Außengalopp an, verweigert bei den einfachsten Sprüngen und Stangen fallen wie beim Mikado. Wenn ich dann nachfrage, ob denn der Reiter auf Turnieren nervös sei, wird das vom Reiter selber meistens verneint. Manchmal habe ich jedoch Gelegenheit einige Freunde oder Eltern zu befragen oder mir gar selber auf einem Turnier ein Bild zu machen und alle diese Reiter sind vor ihren Prüfungen aufgeregt und ihre Nervosität überträgt sich als Stressauslöser auf das Pferd.

Es ist überhaupt keine Schande, auf Turnieren nervös zu sein, aber die Fehler werden erst aufhören, wenn der Reiter sich seiner Nervosität stellt, sie in den Griff bekommt und ruhig und konzentriert wird.

Ich kann Ihnen außerdem nur den gut gemeinten Rat geben, nie mit schlechter Laune auf ein Pferd zu steigen:

Angenommen, Sie hatten einen furchtbaren Tag und kommen in den Stall. Sie ärgern sich, weil Ihr Pferd nicht wie sonst zur Begrüßung an die Tür kommt. Beim Putzen giftet das Pferd und legt die Ohren an. als Sie aufsteigen, ist es von Beginn an angespannt und lässt sich nicht stellen und biegen. Sie werden immer genervter, weil Sie nach einem schlechten Tag nun einfach noch kurz beim Reiten abschalten und ein Erfolgserlebnis haben wollten und Ihr

„schlecht gelauntes Pferd“ verdirbt es Ihnen. Im schlimmsten Fall werden Sie jetzt grob, womit Sie alle „Befürchtungen“ Ihres Pferdes bestätigen: Ihr Pferd hat nämlich Ihre negative Stimmung bereits wahrgenommen, als Sie aus dem Auto stiegen. Es hat sich durch die Wahrnehmung Ihrer Genervtheit und Ihrer damit einhergehenden Angespanntheit in die Erwartung von etwas Schlimmen versetzt und ist somit ebenfalls angespannt - es hat auf Ihre negativen Gefühle reagiert.
Wenn Sie jetzt auch noch grob werden, kann es leicht passieren, dass Ihr Pferd ebenfalls in den „Kampfmodus“ schaltet und es wird sich ein Kampf daraus entwickeln, der keinen Gewinner haben wird. Aber, selbst wenn es Ihren Zorn über sich ergehen lässt und den Stress, der dadurch entsteht, in sich hineinfrisst: Das Pferd ist definitiv um eine negative Erfahrung reicher und bekommt, wenn es besonders sensibel ist, vielleicht eine stressbedingte Magenschleimhautentzündung - nur weil **Sie** häufiger einen schlechten Tag haben. Sie können zudem davon ausgehen, dass Sie mit einer einzigen solchen misslungenen „Trainingseinheit“ große Mengen an Vertrauen zerstören, für das Sie monatelang gearbeitet haben.
Meine Großmutter sagte immer: „Bevor man sich mit dem Pferd festzieht, muss man absteigen.“
Ein weiser Rat, den ich als Jugendliche missachtet habe. Ich habe mich zweimal mit einem Pferd festgezogen und mich beide Male nach dem Reiten so schlecht gefühlt, dass ich nicht mehr reiten wollte. Einmal wurde es sogar recht gefährlich, weil weder die Stute noch ich bereit waren, aufzugeben, das Pferd am Ende nur noch auf zwei Beinen

stand und wir uns mehrfach fast überschlugen. Es war eine vollkommen überflüssige „Trainingseinheit“ und es hat mich im Anschluss mehrere Monate gekostet, bis ich wieder entspannt mit diesem Pferd arbeiten konnte.
Tun Sie sich und Ihrem Pferd einen großen Gefallen:
Steigen Sie unbedingt ab und stellen Sie Ihr Pferd auf die Weide, wenn Sie merken, es ist ein schlechter Tag. Beschränken Sie den Kontakt mit Ihrem Pferd an solchen Tagen auf Dinge, die kein Konfliktpotenzial bergen.

Die feinen Sinne des Pferdes stellen eine Herausforderung für die Selbstdisziplin eines jeden Reiters dar, aber sie sind gleichzeitig der Grund dafür, warum wir unsere Pferde mit Disziplin, Geschick, Geduld und positiver Verstärkung so reiten können, dass wir ohne sichtbare Hilfengebung und ohne „Hilfsmittel“ auskommen.

5.2 Der Sitz des Reiters

Um dieses Ziel zu erreichen ist es unabdingbar, zunächst einmal selber all die Voraussetzungen zu erfüllen, die ein Reiter haben sollte. Das heißt in erster Linie: An der eigenen Selbstbeherrschung, dem eigenen Können und dem Sitz zu arbeiten, denn es sind natürlich nicht nur Ihre Gedanken, die das Pferd beeinflussen, es ist auch, ganz direkt, Ihr Sitz.
Der Sitz des Reiters ist das, was das Pferd und seine Bewegung am direktesten beeinflusst, positiv oder negativ. Wenn wir schief sitzen oder nicht locker stören wir das Pferd

in seinem Bewegungsablauf und geben falsche Signale, ein verkrampfter Sitz verhindert das Loslassen und über den Rücken schwingen, ein schiefer Sitz führt zu Fehlern in Lektionen und führt nicht selten zu einer kompensatorischen Fehlhaltung des Pferdes. Nehmen wir an, der Reiter knickt in der rechten Hüfte ein, sitzt also nach links hinunter, wodurch er stets den linken Rückenmuskel des Pferdes mehr belastet als den rechten, dann führt dies beim Pferd relativ schnell zu Muskelverspannungen und Blockaden in der Brust- und Lendenwirbelsäule. Selbst wenn dem Reiter die Rückenschmerzen seines Pferdes auffallen sollten und er einen Osteopathen ruft, würden diese Blockierungen immer wieder auftreten - bis der Sitz des Reiters korrigiert wurde.

Pferde lernen rasch und gewöhnen sich an spezielle Hilfengebung, ebenso wie an einen besonderen Sitz eines speziellen Reiters, ein Umstand, der es unter anderem Menschen mit körperlichen Einschränkungen möglich macht reiten zu können. Es ist absolut bewundernswert, wie manche Reiter mit dem Pferd zurechtkommen, obwohl sie beispielsweise querschnittsgelähmt sind oder ihnen Gliedmaßen fehlen. Die Eigenschaft der Pferde, sich auf die Besonderheiten des jeweiligen Reiters einzustellen, macht hier ganz erstaunliche Leistungen möglich.

Für alle Reiter ohne körperliche Einschränkungen gilt jedoch: Ein wirklich guter Reiter kann jedes Pferd so arbeiten, dass es von jedem anderen Reiter „nachgeritten“ werden kann. Ihre Sitzfehler sollten sich nicht einschleifen und somit zu einer Prägung im Pferd führen, die es irgendwann nur noch mit einer speziellen Bedienungsanleitung reitbar macht.

Ein Fehler, der viele Reiter betrifft, ist die stärkere rechte Seite, also das verstärkte Einwirken mit rechtem Arm und Bein. In der Folge bekommen die Pferde mehr Druck auf den rechten Kiefer und die rechte Seite, sie werden dadurch schief, beginnen sich im Genick zu verwerfen und deutlich „seitenungleich" zu werden. Vielfältige Blockaden in Genick, Kiefer und Wirbelsäule führen dann zu immer größerer Seitenungleichheit, behindern das Pferd und verursachen Schmerzen. Wird dem Reiter nicht bewusst, dass er mit seiner deutlich stärkeren rechten Seite der Verursacher der körperlichen Schwierigkeiten des Pferdes ist, kann eine solche Spirale von dauerhaft ungleicher Bemuskelung bis hin zu Sehnenschäden führen.

Ein losgelassener, guter Sitz ist also nicht nur die Voraussetzung für feines Reiten, sondern auch ein wichtiger Aspekt für die Gesunderhaltung des Pferdes. Ein solcher Sitz entwickelt sich nur aus einer stetigen, abwechslungsreichen Arbeit mit dem Pferd. Dazu gehört es ganz unbedingt, in unebenem Gelände zu trainieren, schnell zu galoppieren, zu springen, bergauf und bergab in allen Gangarten zu reiten, sowie auch mit und ohne Sattel und mit und ohne Zügel. Die schnellen Reaktionen und Positionsveränderungen, die bei solchen Ritten notwendig sind, schulen sowohl das reiterliche Können als auch den Sitz und führen zu mehr Vertrauen in die eigenen Fähigkeiten und in die des Pferdes.

Der weitaus größere Teil der Reiter ist allerdings heute ziemlich weit davon entfernt, auf diese Art und Weise zu trainieren: Die meisten Reiter sitzen in ihren bequemen Sofa-Sätteln, die Beine durch die immensen Pauschen in der immer gleichen Position fixiert, und drehen ihre Runden in der Reithalle, am Spiegel vorbei. Die Bügellänge wird nicht verändert, niemals, und schon gar nicht werden die Bügel einmal übergeschlagen, Stangen oder Sprünge werden gelegentlich eingebaut, aber nur wenn es nicht zu viele sind und sie in sehr direkter Bodennähe bleiben und das Ganze ist dann auch eher eine Maßnahme gegen die „Hallenmüdigkeit" im Winter. (Allerdings finden auch diese „Stangenstunden" in der Regel in der Halle statt, das Umfeld ändert sich nicht, es darf also bezweifelt werden, dass es sich als Mittel gegen die „Hallenmüdigkeit" eignet.).

Echte Ausritte werden kaum noch gemacht, es verschlägt mir immer wieder die Sprache, wenn ich mitbekomme, was andere Reiter unter einem Ausritt verstehen. Für die allermeisten scheint ausreiten, nämlich zu bedeuten, dass man im Schritt hintereinander her zockelt - es wird nicht einmal nebeneinander geritten und das erste Kopfwackeln des Pferdes während eines langsamen Trabes lässt viele Reiter umgehend durchparieren und erklären, das Pferd sei zu wild, um es im Gelände zu traben. Galoppiert wird schon gar nicht und Rennen werden auch nicht mehr geritten.

Ich habe schon meine Befürchtung geäußert, dass heutzutage eventuell viele Menschen reiten, die eigentlich Angst vor dem Reiten und Pferden haben, die den Sport vielleicht mehr aus anderen Gründen betreiben, denn aus echter Passion. Ich finde es toll, wenn man sich seinen

Ängsten stellt, aber im Fall der Reiterei muss man es dann auch schaffen, diese Angst zu überwinden. Denn sonst geht es zulasten des Pferdes: Ein ängstlicher Reiter verunsichert sein Pferd, ist mit einer recht hohen Wahrscheinlichkeit ungerecht zu ihm, bestraft es also möglicherweise für Dinge, die er selber falsch macht, wird eher nicht losgelassen sitzen, das Pferd damit immer etwas stören und Blockaden verursachen - sowie auf den für Pferd und Reiter wertvollsten Teil des Trainings verzichten: das Reiten im Gelände in allen Gangarten.

Ein lockerer Sitz entwickelt sich wohl am leichtesten, wenn man bereits als Kind Spaß am Reiten hatte, ohne Sattel herumjuxen durfte und sich Rennen auf Stoppelfeldern liefern, woraus sich schon in der Jugend ein Vertrauen in die eigenen Fähigkeiten und die Schulung derselben entwickelte.
Etlichen kleinen Kindern wird heutzutage jedoch stattdessen von Anfang an beigebracht, mit möglichst viel Druck zu reiten, auf dem Zügel und am Bein. Acht-neunjährige Kinder, die ihren Ponys im Maul ziehen und gleichzeitig mit Gerte und Sporn „das Pferd noch mal frisch machen“, sind absolut keine Ausnahme und in vielen Fällen scheint es von Anfang an nur um die Teilnahme an Wettkämpfen zu gehen und nicht um Spaß mit dem Pony. Wenn es dann trotzdem nicht für eine Platzierung reicht, fangen die Kinder an zu weinen oder schmollen und geben dem Pony die Schuld - dass aus solchen Kindern keine feinen Reiter werden, überrascht mich nicht.

In anderen Ländern, wie zum Beispiel den USA, nehmen Kinder und Jugendliche bis zu einem gewissen Alter an ganz bestimmten Dressur- und Springprüfungen teil. Es sind keine Sporen erlaubt, keine Hilfszügel oder scharfe Gebisse (mit Ausnahme des Pelhams im Springen, wie in angelsächsischen Ländern üblich), kein Sperrriemen, nur englisches Reithalfter und Mähne und Schweif des Pferdes oder Ponys müssen ordentlich eingeflochten sein. Die Verbindung von Reiterhand zu Pferdemaul darf in der Dressur leicht anstehen, aber nur so, dass das Pony/Pferd in Selbsthaltung geht, im Springen zählt der durchgehend leichte Sitz, der Rhythmus, die Zügel werden, locker anstehend auf dem Pferdehals gehalten und während des gesamten Parcours nicht weiter angefasst

All dies fließt, ebenso wie faires Verhalten und ein ordentliches Erscheinungsbild, mit in die Wertnote ein.

Würden diese kleinen Teilnehmer mit dem Zügel einwirken, wie deutsche Kinder es teilweise tun, bekämen sie keinen Blumentopf ab oder würden eventuell gar disqualifiziert.

Das ist folglich ein ganz anderes Bild, als das, was sich häufig auf deutschen Turnierplätzen und in Trainingseinheiten bietet und es wäre wünschenswert, solche Wettkämpfe und Werte auch in Deutschland zu haben. Denn durch diese Art des Reitens, lernen die Kinder, ihre Ponys und Pferde über den Sitz zu kontrollieren - und nicht über die Hand.

Für uns war es früher ganz normal, an der Longe Sitzübungen zu machen. Uns wurden zudem bisweilen die Zügel verknotet und statt der Zügel drückte man uns gefüllte Gläser in die Hände, mit der Aufgabe möglichst wenig daraus zu verschütten. Übergeschlagene Bügel waren in

jeder Reitstunde für circa 30 Minuten Pflicht und ohne Sattel auszureiten war, ganz normal. Ich reite mein Pferd immer noch regelmäßig mit Halfter und Strick, oder auch nur mit einem Strick um den Hals, in der Halle und auf dem Platz und im Gelände und über Stangen und Sprünge, einfach um unsere Kommunikation und unser Vertrauensverhältnis zu prüfen und mein Gleichgewicht und meinen Sitz zu verbessern.
Es ist recht bezeichnend, was ich dabei von anderen Reitern teilweise schon für Bemerkungen zu hören bekommen habe von: „Na, heute mal am Juxen?", über: „Das würde ich mich aber nicht trauen, hast Du keine Angst runterzufallen?", bis hin zu: „Wie willst Du denn so Lektionen reiten?" Und: „Das ist aber überhaupt nicht gut für den Rücken Deines Pferdes!" …
Ich möchte Sie unbedingt ermutigen, an Ihrem Sitz zu arbeiten. Sie sind nie zu alt, um mit Sitzübungen zu beginnen oder ohne Sattel zu reiten und es ist keine Schande sich an die Longe nehmen zu lassen. Wenn Sie Ihrem Körper keine verschiedenartigen Herausforderungen zumuten, sondern immer nach dem gleichen Muster reiten, werden Sie sich nicht verbessern und mögliche Fehler in Ihrem Sitz oder Ihrer Hilfengebung werden sich immer tiefer einschleifen. Nehmen Sie sich außerdem unbedingt einen guten Reitlehrer/Trainer, denn auf dem Pferd, also von oben, können Sie nun einmal nicht sehen, wie sich das Pferd gerade bewegt, wie es auf Ihre Hilfen reagiert und ob Sie korrekt sitzen und einwirken. Wenn Sie aber jemanden haben, der Ihnen regelmäßig diese Informationen gibt, während Sie mit Ihrem Pferd arbeiten, können Sie sich das

„gute Gefühl“ immer wieder merken und dann auch mit selteneren Korrekturen von unten auskommen.

Merke: Es macht keinen schlechten Reiter aus Ihnen, wenn Sie sich Hilfe holen, nur wenn Sie sich nicht helfen lassen, werden Sie niemals so gut werden, wie Sie sein könnten.

Ein bequemer Sattel, der Sie mit dicken Pauschen auf dem Pferderücken festhält, macht übrigens keinen guten Reiter aus Ihnen. Ein guter Reiter kann in jedem Sattel sitzen und genauso ohne Sattel reiten. Der Trick für einen geschmeidigen Sitz ist: loszulassen.

Ich möchte zur Erläuterung einmal erzählen, wie ich diese Erfahrung gemacht habe.
Meine Großmutter hatte früher einen Lieblingssattel. Einen uralten Passier Dressursattel, von dem ich immer dachte, es müsste so eine Art Zaubersattel sein: der bequemste Sattel, der jemals gefertigt wurde, der einen automatisch zu einem fabelhaften Reiter machte, sobald man sich hineinsetzte. Weil meine Großmutter mit ihren beigen, schmalgeschnittenen Jodhpurs mit Kniclederbesatz darauf thronte, als wäre sie festgeklebt und mit dem Pferd verschmolzen. Sie ritt immer mit Jodhpurs und braunen Lederstiefeletten.
Wenn sie aussaß, und das tat sie meistens, bewegte sich absolut nichts außer ihrer Hüfte, die sich kaum sichtbar den Bewegungen des Pferdes anpasste. Selbst die aller unbequemsten Pferde, auf denen wir bei dem Versuch

auszusitzen wie Flummis auf und ab sprangen, saß sie mühelos aus und ihre Hilfengebung war absolut unsichtbar. Besonders auf ihrer Lieblingsstute war es wie Zauberei. Die Zügel standen nie stramm an, es war mehr wie eine Verbindung aus Luft oder eine wechselseitige lockere Beziehung, die zwischen ihrer Hand und dem Pferdemaul zu bestehen schien. Sie ritt alle ihre Pferde am liebsten am langen Zügel und wartete darauf, dass das Pferd Selbsthaltung einnahm. Sie hatte nie etwas „in der Hand". Ich konnte ihr stundenlang zuschauen, es war absolut faszinierend. Sie ritt zum Beispiel im Schritt die Bahn entlang und auf einmal galoppierte sie an, wobei sich nichts an ihrer Haltung, ihrer Hand, ihrem Zügelmaß veränderte. Es gab absolut keinen Hinweis darauf, dass sie angaloppieren wollte, es war wirklich magisch. Dann wendete ihre Stute plötzlich auf die Mittellinie ab und sprang schnurgerade Einerwechsel auf mich zu, vollkommen gelassen, gleichmäßig, bergauf, mit lose anstehendem Zügel in Selbsthaltung. Die einzige Hilfengebung, die ich bei meiner Großmutter ausmachen konnte, waren ihre Unterschenkel, die sich minimal am Pferdebauch abwechselnd ganz kurz nach hinten schoben.

Als ich eines Tages wieder einmal an der Reitplatzumzäunung lehnte und ihr dabei zusah, wie sie ihre Stute ritt, hielt sie vor mir an und fragte: „Na, möchtest Du noch ein paar Runden reiten?"
Ich nickte begeistert. Natürlich wollte ich! Was für eine Ehre, auf ihrer Stute reiten zu dürfen! Und: Ich würde

endlich herausfinden, was es mit dem Zaubersattel auf sich hatte.

„Die Steigbügelriemen sind viel zu lang“, bemerkte meine Großmutter. „Das können wir nicht passend machen, aber dann schlagen wir die Bügel eben über.“

Sie nahm die Bügel und legte sie kurzerhand vor dem Sattel überkreuz über die Pferdeschulter. „Na, dann mal los“, sagte sie und nickte in Richtung Sattel. Ich griff das Sattelblatt, winkelte mein linkes Bein an und sie warf mich hoch. Ich war damals vielleicht neun und meine Beine waren natürlich noch viel zu kurz für den Sattel, aber immerhin reichten meine Füße schon über das Sattelblatt hinaus. Ich setzte mich aufrecht hin, griff nach den Zügeln und ritt los.

Oder zumindest versuchte ich es. Zunächst dachte ich, die großen Bewegungen der Stute wären einfach ungewohnt, aber ich ritt ja auch die anderen Großpferde. Ich versuchte meine Positur zu verändern, rutschte im Sattel hin und her - aber es wurde nicht besser: Egal, wie ich mich hinzusetzen versuchte, wie sehr ich die Knie an das Pferd presste, ich war bereits im Schritt gefährlich nahe daran, unfreiwillig abzusteigen.

Das konnte doch nicht sein! Das hier war Großmutters Zaubersattel, der in meiner Vorstellung bequemste Sattel der Welt, der mich schlagartig zu einer so wunderbaren Reiterin machen würde, wie meine Großmutter es war!

Doch mitnichten. Im Gegenteil: Ich hatte absolut keinerlei Halt und fühlte mich wie auf einer mit Glatteis überzogenen Rutsche.

Und dann dämmerte es mir langsam: Der Sattel hatte überhaupt keine Pauschen und war der mit Abstand unbequemste, härteste Sattel in dem ich je gesessen hatte. Der Schock war ziemlich groß - **das** war also der berühmte Zaubersattel!?!

„Dann trab mal an!", hörte ich meine Großmutter rufen.

Mir wurde heiß. Ich konnte mich im Schritt schon nicht wirklich oben halten, wie sollte ich das im Trab schaffen? Zumal ohne Steigbügel? Aber es war zu spät. Die Stute hatte das Wort „Trab" aus dem Mund meiner Großmutter vernommen und trabte fröhlich an. Ich flog von rechts nach links und sprang bei jedem Trabtritt in die Luft wie ein blutiger Reitanfänger. Soweit ich das aus meinem durchgerüttelten Blickfeld wahrnehmen konnte, lachte meine Großmutter über das ganze Gesicht. Nachdem sie sich das Spektakel zwei, drei Runden lang angeschaut hatte, bekam sie offensichtlich Mitleid - mit der Stute, nehme ich an, nicht mit mir. „Nun mach Dich mal schwer und lass die Beine locker. Beine lang, locker sitzen. Nicht klemmen mit den Knien! Stell Dir vor, Du wärest eine Puppe! Einfach nur draufsitzen!", rief sie über den Platz.

Ich folgte mit hochrotem Kopf ihren Anweisungen und mühte mich sicherlich weitere 10 Minuten, die mir allerdings deutlich länger vorkamen. Die rührende, sanftmütige Stute trabte einfach weiter. Sie hätte nur einmal zur Seite springen oder schneller werden müssen und ich wäre im Sand gelandet, aber sie tat nichts dergleichen. Ich glaube, sie gab sich sogar allergrößte Mühe, mich nicht zu verlieren. Auf jeden Fall ertrug sie mein Gehopse und hin und her Gerutsche mit Gleichmut. Ich konzentrierte meinen Blick

auf ihre großen, braunen, langen Trakehner-Ohren, die locker zu den Seiten gekippt waren und im Takt baumelten. Sie trabte in aller Seelenruhe, immer auf dem Hufschlag bleibend um die Bahn herum. Meine Muskeln schmerzten, meine Beine und mein Bauch waren verkrampft, ich kämpfte Runde um Runde - und dann konnte ich nicht mehr. Ich ließ alle Anspannung aus meinem Körper fahren, gab auf, richtete mich darauf ein, gleich den Pferderücken zu verlassen und suchte nach einer Stelle, die weich aussah. Meine Beine hingen lose am Pferd herab, ich wurde schwer und während ich darauf wartete, runterzufallen, hörte ich meine Großmutter rufen:
„Bravo! Jetzt hast Du es!“
Ich verstand erst nicht, was sie meinte, aber plötzlich merkte ich, dass ich den Bewegungen der Stute mühelos folgte. Ich saß schwer und geschmeidig im Pferd und hopste kein bisschen mehr in die Luft, es fühlte sich tatsächlich so an, als sei ich festgeklebt. Ich strahlte. Was für ein wundervolles Gefühl! Ich hätte stundenlang weiter reiten können.
„Na dann mach mal Feierabend für heute“, hörte ich meine Großmutter sagen. „Wir wollen das gute Gefühl ja nicht wieder ruinieren.“ Sie zwinkerte mir zu. Ich war furchtbar enttäuscht. Gerade jetzt, wo ich nach dem ganzen Gehopse und Krampf endlich richtig saß. Gerne hätte ich Widerworte gegeben, aber das war bei meiner Großmutter nun einmal völlig undenkbar. Also parierte ich zum Schritt, lobte die Stute ausführlich und ließ sie am hingegebenen Zügel abschnauben und Schritt gehen. Kurze Zeit später sollte ich erfahren, wie klug die Entscheidung meiner Großmutter gewesen war, genau an diesem Punkt aufzuhören.

Wenn Sie Sitzübungen machen oder Ähnliches, übertreiben Sie es nicht. Es bringt überhaupt nichts, weiter an etwas zu arbeiten, wenn die Muskulatur schon nicht mehr kann, denn ein völlig verkrampfter Muskel wird sich nicht mehr entspannen. Entspannung ist aber eine der wichtigsten Voraussetzungen für einen geschmeidigen und guten Sitz.

Einige Tage nach der Begebenheit mit dem Zaubersattel ritt ich unser Pony auf dem Platz. Ich hatte die Bügel übergeschlagen, um an meinem Aussitzen zu arbeiten, weil ich unbedingt das „festgeklebt Gefühl" wieder erreichen wollte und trabte verbissen Runde um Runde. Entgegen meiner Erwartung wurde ich jedoch nicht geschmeidig und schwer wie beim letzten Mal, sondern hopste von einer langen Seite zur nächsten mehr. Je mehr ich hopste, desto verbissener krampfte ich mich ans Pferd und desto mehr hopste ich. In dem Maße, indem meine Frustration wuchs, verkrampften sich auch meine Muskeln, was wahrscheinlich einer der Gründe war, warum wir eigentlich nur unter Aufsicht reiten durften, aber an diesem Tag war ich alleine auf dem Platz. Jedenfalls wurde es mit jeder Runde schlimmer, meine Beine schmerzten und die Kräfte verließen mich. Und dieses Mal war es dann so weit: Ich konnte nicht mehr, ärgerte mich darüber und ruppte dem Pony im Maul, woraufhin selbiges die Faxen dicke hatte und mich in den Sand beförderte. Mit dem Gesicht voran, ich hatte noch Tage später Sand in den Ohren.
Einen lockeren Sitz kann man nicht erzwingen, diese Erkenntnis wurde mir an diesem Tag bewusst. Man kann ihn

tatsächlich nur erreichen, wenn man wirklich loslässt und entspannt.
Sie brauchen eine positive Grundspannung, die in erster Linie aus Ihrem Bauch heraus kommen sollte, bei den meisten Pferden empfiehlt es sich aber erst einmal ganz „schlabberig" zu sitzen, passiv, sozusagen. Wie meine Großmutter es ausdrückte: so, als sei man eine Puppe.

Wenn es Ihnen gelingt, derart locker den Bewegungen Ihres Pferdes zu folgen, ohne es zu stören, haben Sie schon einen riesigen Schritt in die richtige Richtung gemacht, denn aus dieser Lockerheit lässt sich leicht die nötige Anspannung der richtigen Muskelgruppen erreichen, die für das Reiten von Lektionen oder anderen Anforderungen notwendig sind.

Es empfiehlt sich außerdem für Reiter noch andere Sportarten wie Schwimmen oder Yoga zu betreiben, viele Dehnungsübungen zu machen und im Kopf bestimmte Hilfengebungen durchzugehen - was welcher Finger und welcher Muskel bei welcher Hilfe oder Wendung oder Lektion ganz genau zu tun hat.

Sie werden erstaunt sein, wie selbstverständlich „reiten" plötzlich für sie wird und wie einfach sich alles umsetzen lässt.

Kapitel 6
Die Ausrüstung des Pferdes

6.1 Nasenriemen

Früher hatten wir Trensen mit englischen und hannoverschen Reithalftern und Kandaren, wobei letztere gelegentlich von meiner Großmutter genutzt wurden sowie, zu den sehr seltenen Gelegenheiten zu denen er ausritt, von meinem Großvater.
Die Gebisse waren doppelt und einfach gebrochene Wassertrensen und ein Zaumzeug wurde danach ausgewählt, ob Reithalfter und Gebiss dem jeweiligen Pferd passten.
Heutzutage gibt es hunderte verschiedener Zaumzeuge, Gebisse und Reithalfter - was es theoretisch ermöglichen sollte, aus dieser Vielzahl genau das für das jeweilige Pferd komfortabelste Equipment herauszusuchen. Offenbar stellt diese immense Auswahl viele Reiter jedoch vor eine größere Hürde in der Entscheidungsfindung. Überall werden die neuesten Trends beworben und die Reiterin so und so hat ja jetzt auch dieses bahnbrechende neue Reithalfter oder das besonders „ergonomische" Gebiss und Strass und Lack soll die Trense ja auf jeden Fall auch haben. So wird dann häufig doch eher nach der Optik und den neuesten Trends ausgewählt. Die allermeisten dieser „Trends" sind harmlos, einige sind es jedoch ganz und gar nicht.
Zu letzteren zählt definitiv das seit einigen Jahren äußert beliebte sogenannte „schwedische Reithalfter", eine nicht nur nutzlose, sondern aus meiner Sicht absolut katastrophale Erfindung. Inhalt dieser Erfindung: Eine Umlenk - Rolle

vereinfacht das möglichst feste Zuschnüren des Nasenriemens. Wer immer das erfunden hat, sollte sich etwas schämen. Es ist ja schlimm genug, dass es Reiter gibt, die einfach so tun, als hätten sie noch nie etwas von der zwei Finger Regel gehört, aber auch noch etwas zu erfinden, was es dem Reiter erleichtert, etwas falsch zu machen und dem Pferd Schaden zuzufügen ist schon arg grotesk. Um das noch einmal in aller Deutlichkeit zu sagen: Das feste Zuschnüren von Pferdemäulern ist kein Kavaliersdelikt!

Ein zu eng verschnürter Nasenriemen, das gilt im Übrigen ausnahmslos für alle Reithalfter, klemmt die Blutgefäße des Kopfes ab, hindert das Pferd am Kauen und Schlucken, erzeugt massive Spannung im gesamten Kopf, Genick und Hals und verursacht Schmerzen.

Machen Sie zur Verdeutlichung einmal folgendes: drücken Sie sich mit den Fingern beider Hände fest auf das Nasenbein, und gleichzeitig mit den beiden Daumen auf die Unterkieferäste und in die Kinngrube und pressen sich so den Mund zusammen. Und nun versuchen Sie, zu kauen. Geht nicht? Ziemlich schmerzhaft, richtig? Und ziemlich viel Spannung im Kopf, oder? Es gibt keinen Grund anzunehmen, dass die Schmerzhaftigkeit und der Druck bei Ihrem Pferd geringer sein sollte, ich würde im Gegenteil vermuten, dass ein Tier, das an Schmerzen sterben kann und eine Fliege auf dem Fell spürt und außerdem von einem sehr ausgeprägten Fluchtinstinkt geprägt wird, wohl eher noch mehr darunter leidet.

Anders als bei uns Menschen drückt der feste Nasenriemen, auch der Pullriemen oder der Riemen des Hannoverschen Reithalfters, beim Pferd außerdem auf die Lufttrompete und behindert die Atmung des Pferdes. Das bedeutet: zusätzlich zu dem Schmerz und dem Druck kann das Pferd nur eingeschränkt atmen. Wenn also der fest geschnürte Nasenriemen nicht ausgereicht haben sollte, um den Fight/Flight Reflex und mithin erhöhte Anspannung und Stress im Pferd auszulösen, dann wird ziemlich sicher die erschwerte Atmung und das Gefühl, nicht genug Luft zu bekommen, dafür sorgen. Luftnot führt in jedem Lebewesen, das auf Sauerstoff durch Atmung angewiesen ist, je nach Intensität zu Beklemmung, Angst, Todesangst und Panik. Halten Sie sich mit Daumen und Zeigefinger beide Nasenlöcher halb zu und versuchen Sie zu atmen, aber nicht durch den Mund, das kann das Pferd schließlich auch nicht, ausschließlich durch Ihre halb verschlossene Nase. Fühlen Sie Beklemmung und Angst in sich aufsteigen? Versuchen Sie automatisch die Nasenflügel aufzublähen, um mehr Luft zu bekommen? Halten Sie das nicht länger aus als einen Atemzug? Dann denken Sie sich jetzt noch den Schmerz und Druck aus der ersten Übung dazu. Werden Sie panisch? Und nun machen Sie in diesem Zustand Leistungssport.

Ein festgezogener Nasenriemen versetzt das Pferd ganz sicher in erhöhte Anspannung. Wir erinnern uns: im Fight Flight Modus läuft ein automatisiertes Programm im Pferdekörper ab, zu dem unter anderem folgende Punkte gehoren:

- Erhöhte Adrenalin- und Cortisolausschüttung

- höchste physische und psychische Anspannung in Erwartung der Gefahr

- größtmögliche Anspannung der gesamten Muskulatur um sofort reagieren zu können

Und das für die gesamte Dauer, in der der Fight/Flight Modus anhält, sprich, der Auslöser für diesen Zustand vorhanden ist. Solange der Nasenriemen also nicht losgeschnallt wird, hält die Anspannung an.

Ein weiterer wichtiger Punkt ist in diesem Zusammenhang die Skala der Ausbildung, denn ein Pferd mit zugeschnürtem Maul kann nicht losgelassen sein, woraus folgt, dass Punkt zwei der Skala der Ausbildung nicht erfüllt wird. Selbst wenn Takt, Anlehnung, Schwung, Geraderichtung und Versammlung vorhanden wären, was allerdings meistens auch nicht der Fall ist, kann ein Pferd, dem das Maul zugeschnürt ist, nun einmal nicht losgelassen gehen.

Wie wir wissen, gleitet der Unterkiefer des Pferdes nach vorne, sobald das Pferd den Kopf senkt. Wenn Sie ein Pferd in Anlehnung reiten, muss diese Bewegung also erfolgen können. Ist das nicht möglich, zum Beispiel wegen eines zu festen Nasenriemens, entsteht eine zusätzliche, immense Spannung im gesamten Kopf, den Kiefergelenken, dem Genick und dem Hals.

Machen Sie es ruhig noch einmal: Lassen Sie den Kopf langsam nach vorne sinken und halten Sie dabei Ihren Unterkiefer ganz normal, locker, ohne die Zähne aufeinanderzubeißen. Sie werden merken, wie sich Ihr Unterkiefer in dieser Bewegung nach vorne schiebt. Halten Sie sich jetzt wieder den Kiefer zu, wie zuvor beschrieben, werden Sie feststellen, was für eine deutliche Spannung in Ihrem Kopf, Nacken und Hals entsteht und diese Spannung überträgt sich beim Pferd auf die Hinterhand.

Wie im Kapitel Spiegelgelenke und vorwärts-abwärts besprochen, beeinflusst das Genick das Kreuzbein und die Kiefergelenke jeweils spiegelverkehrt die Kreuzdarmbeingelenke. Wenn die Beweglichkeit im Genick durch Spannung eingeschränkt ist, vermindert sich auch die Beweglichkeit des Kreuzbeines, wenn das rechte Kiefergelenk unter Spannung ist, ist auch das linke Kreuzdarmbeingelenk unter Spannung und andersherum. Die einzige Verbindung zwischen Hinterbein und Wirbelsäule und somit die eine Stelle, an der jeglicher Schub und Schwung übertragen wird, bewegt sich somit nicht adäquat. Man darf sich das jetzt nicht falsch vorstellen - wir reden hier nicht von riesigen Bewegungsausschlägen. Das Kreuzdarmbeingelenk ist aufgrund der ganz erheblichen Kräfte, die auf es einwirken, ein sehr, sehr straffes Gebilde, es handelt sich um die Stelle an der die Darmbeinschaufeln, also gewissermaßen das Becken, durch sehr feste Bänder rechts und links am Kreuzbein befestigt sind. Diese „Befestigung“ muss extremen Belastungen standhalten und Sie können davon ausgehen, dass der Bewegungsspielraum zugunsten der Stabilität gering ausfällt und dieses Gelenk, diese Verbindung, eine der stabilsten im Pferdekörper ist.

Dennoch gibt es einen Bewegungsspielraum der Darmbeinschaufeln am Kreuzbein, also in den beiden

Kreuzdarmbeingelenken und auch das Kreuzbein selber bewegt sich. Und diese, in ihren engen Grenzen, freie Beweglichkeit ist ausschlaggebend für das Gelingen der Schub- und Kraftübertragung aus der Hinterhand. Ist diese Bewegung durch übermäßige Spannung oder Blockaden eingeschränkt, beeinträchtigt dies auch die Übertragung des Schwunges/Schubes aus dem Hinterbein auf den Rücken, das Pferd schwingt also nicht locker über den Rücken und lässt sich nicht los. Ergo: die Losgelassenheit wird zusätzlich zu der Spannung in Kopf und Hals auch noch aus der Hinterhand heraus verhindert.

Ich habe mich oft gefragt, warum es Reitern so schwerfällt, den Nasenriemen ihrer Pferde lose nach der zwei-Finger-Regel zu verschnallen. Zunächst habe ich gedacht, es würde wohl meistens aus Angst geschehen, in der irrigen Annahme, man hätte sein Pferd mit einem fest zugeschnürten Nasenriemen besser unter Kontrolle und ich halte das nach wie vor für einen häufigen Grund für zu festes Verschnallen.

Allerdings kann ich nach all meinen Beobachtungen inzwischen auch nicht mehr ausschließen, dass es Reiter gibt, die sich die aus dem Schmerz und Stress eines zu eng verschnallten Nasenriemens im Pferd ergebende Spannung absichtlich zunutze machen.

Als ich anfing, diese Zusammenhänge im Pferd zu entdecken und mir nicht sicher war, ob ich mir das vielleicht alles nur einbildete, mussten meine Pferde recht oft als Versuchsobjekte herhalten. Aus dieser Erfahrung heraus kann ich eines hier heute ganz klar sagen: Wenn ich bei meinem Pferd den Nasenriemen fest zu mache, fällt es mir viel leichter aus dem Halten anzugaloppieren oder anzutraben, auch kann ich einen viel „knalligeren" starken Trab reiten, als wenn ich den Nasenriemen gewohnt lose verschnalle, die Sprungkraft erhöht sich und ich komme besser hin zum Sprung. Die durch den getriggerten Fight/Flight Modus und die Spannung in den Kopfgelenken erhöhte Anspannung sämtlicher Muskeln und insbesondere die der Hinterhand, macht es natürlich viel einfacher zum Beispiel aus dem Halten anzugaloppieren, spannige Piaffe/Passage oder einen gespannten starken Trab zu reiten. Nur sind diese Bewegungen eben keineswegs reell und aus der Losgelassenheit heraus entwickelt, sondern ausschließlich der Spannung geschuldet, die sich im Pferd durch den zugeschnürten Nasenriemen aufbaut.

Ein fester Nasenriemen erhöht sehr wohl die Spannung in der Hinterhand und täuscht somit spektakuläre Bewegungen oder Sprungkraft vor, verhindert aber gleichzeitig ein Loslassen und über - den - Rücken - Schwingen des Pferdes.

Wenn man es mit der Skala der Ausbildung ernst nähme, müsste Punkt zwei, die Losgelassenheit, die Basis jeder weiteren Arbeit sein und das kann reell nun einmal nur erreicht werden, wenn der Nasenriemen locker sitzt.

Es verwundert mich daher zutiefst, wenn in Turnierprotokollen von Pferden, denen der Speichel aus dem Maul läuft, weil sie ihn aufgrund des so fest zugeschnürten Mauls nicht ab schlucken können, zu lesen ist, wie locker und durchlässig das Pferd seine Vorstellung gemeistert habe.

Ganz ehrlich, da stimmt etwas ganz grundlegend nicht und nur weil das leider noch immer Realität ist auf deutschen und internationalen Turnierplätzen machen Sie es bitte nicht nach. Gehen Sie im Gegenteil mit gutem Beispiel voran und zeigen Sie, dass es auch pferdegerecht und -freundlich geht. Falls Ihr Pferd die Zunge hochziehen oder herausstrecken oder das Maul aufsperren oder irgendetwas anderes tun sollte, das Sie dazu veranlasst, zu glauben, Sie könnten es mit einem strammen Nasenriemen verbessern: glauben Sie mir, Sie werden die Situation dadurch nur verschlimmern und zudem weitere Blockaden und Schwierigkeiten hinzufügen. Es gibt immer eine Ursache für solcherlei Verhalten und es liegt in Ihrer Fürsorgepflicht, als Pferdebesitzer diese Ursache herauszufinden und abzustellen. Das Pferd darf nicht für eine mangelhafte Ausbildung bestraft werden oder für die Unsicherheit und Angst seines Reiters. Das Pferd selbst ist mit Sicherheit nicht die Ursache des Übels und ein fest geschnürter Nasenriemen wird gar nichts lösen, er wird im Gegenteil dazu führen, dass das Pferd immer fester wird und Verschleißerkrankungen, Sehnenschäden und Magengeschwüre entwickelt. Sie provozieren außerdem wiederkehrende, dauerhafte Blockaden der Kiefergelenke, des Zungenbeines, der Kreuzdarmbeingelenke und des gesamten Beckens. In den Kreuzdarmbeingelenken und, seltener, den Hüftgelenken kann das in der Folge durchaus zu Entzündungen führen, auch chronischer Art. Einmal ganz abgesehen von den körperlichen Schäden, die Sie Ihrem Pferd mit einem festen Nasenriemen zufügen können: Was denken Sie wohl, wie gerne Ihr Pferd mitarbeitet, wenn die Arbeit stets mit Schmerzen, Stress,

Atemnot und Angst verbunden ist? Glaubt irgendein Reiter wirklich, auf diese Weise einen verlässlichen Partner in seinem Pferd zu bekommen? Wenn ein Pferd die zusätzliche negative Spannung durch ein festgezogenes Maul benötigt, um die Lektionen oder Anforderungen zu meistern, ist es entweder nicht gründlich genug vorbereitet worden oder, ja, das gibt es auch manchmal, der Anforderung schlicht nicht gewachsen. Ein richtig und gewissenhaft ausgebildetes Pferd entwickelt die Kraft und den Schub durch stetiges und abwechslungsreiches Training seiner Muskulatur und ein solches Pferd können Sie auch ohne Nasenriemen durch einen Grand Prix oder ein S Springen reiten.

Merke: Zwischen jeden Nasen- oder Sperrriemen gehören zwei aufrecht übereinander liegende (Männer-) Finger Platz zum Nasenbein. Nur so kann das Pferd seinen Kiefer bewegen, kauen, schlucken und atmen, nur so kann das Pferd locker, losgelassen, aufmerksam und zufrieden mitarbeiten.

Nehmen Sie sich diese sinnvolle und wohlüberlegte Regel zu Herzen und mahnen Sie sie bitte bei allen Reitern an, wo sie einen festgeschnallten Nasenriemen sehen.
Die Pferde werden es Ihnen danken und es wird hoffentlich dazu führen, dass es bald wieder mehr schöne, harmonische Bilder aus dem Turniersport und der gesamten Reiterei gibt.

6.2 Stirnriemen

Ein weiterer Punkt zum Thema Reithalfter/Zaumzeug ist der Stirnriemen. Der Stirnriemen wird für gewöhnlich ebenfalls eher nach dem Aussehen ausgesucht und spielt ansonsten keine besonders große Rolle beim Thema Reithalfter, Zaumzeug, Trense. Ich kann allerdings auch hierzu ein Beispiel aus der Praxis nennen, welches Sie vielleicht ermutigt, noch nach anderen Kriterien zu schauen. Ich wurde zu einer Welsh-Pony-Stute gerufen, die aus einer Reitschule heraus von den Eltern für ihre fünfjährige Tochter gekauft worden war. Die Stute war 12 Jahre alt und war im Umgang absolut rührend, ließ sich von dem kleinen Mädchen die Hufe auskratzen, putzen und satteln. Beim Auftrensen nahm sie den Kopf etwas hoch, aber das kannte ich ja von unseren Pferden früher auch nicht anders und fand es daher nicht weiter bemerkenswert. Als ich die Tochter vorreiten ließ, änderte sich das Bild jedoch.

Das Pony schleppte sich mit gesenktem Kopf über den Reitplatz und das kleine Mädchen musste mit aller Kraft mit den Schenkeln buffen und mit ihrer kleinen Springgerte auf die Schabracke hauen, weiter reichten glücklicherweise weder ihr Arm noch die Gerte, um das Pony in Trab zu versetzen. Das Pony lief in den Boden, hielt seinen Kopf völlig still und sah überhaupt nicht so aus, als würde es sich wohlfühlen. Und auch für die kleine Reiterin war es sichtlich kein Vergnügen, denn sobald sie aufhörte, zu buffen und zu hauen fiel das Pony in den Schritt. Ich schaute mir das

Drama zwei Runden lang an und ließ das kleine Mädchen dann mit vor Anstrengung hochrotem Kopf absteigen.
Die Mutter nahm den Sattel ab und ich begann mit der Untersuchung. So wie das Pony lief und mit seiner Vergangenheit in einer Reitschule rechnete ich mit ziemlich schlimmen Blockaden in Rücken und Becken. Zu meiner Überraschung fand ich jedoch nur ein paar blockierte Rippen. Ich sah mir den Sattel an, der wunderbar passte und prüfte den Nasenriemen, der lose verschnallt war.
Ich konnte außer den festen Rippen absolut nichts feststellen, was als Ursache für dieses deutliche Unwohlsein und die Triebigkeit des Ponys, was beides so gar nicht zu dem aufgeschlossenen, freundlichen Wesen der Stute passte, infrage gekommen wäre. Der nächste Schritt wäre vielleicht eine umfassende Blutuntersuchung gewesen, um Nährstoffmängel oder ernstere Erkrankungen auszuschließen - nur dann hätte das Pony eigentlich auch schon ohne Reiter matt sein müssen. Ich bat also darum, das Pony einmal ohne Reiter vor zu longieren, die Mutter schnallte eine Longe in die Trense und das Pony lief genauso lustlos und stumpf wie zuvor. Das passte einfach nicht zu dem Bild, welches das Pony beim Putzen und Fertigmachen abgegeben hatte.
Mir fiel wieder ein, wie brav es gewesen war, bis das Mädchen mit der Trense kam und sah mir daraufhin das Zaumzeug noch einmal genauer an. Es war alles in Ordnung und korrekt verschnallt, das Gebiss passte, das Einzige, was auffiel, war der Stirnriemen, der, wie bei vielen Ponys mit etwas dickeren Köpfen, sehr eng saß. Er drückte deutlich auf

die Stirn und zog das Genickstück so an die Ohren heran, dass es dort anlag.
Nur um sicherzugehen, nicht weil ich wirklich der Meinung gewesen wäre das könnte des Rätsels Lösung sein, bat ich darum, das Pony noch einmal am Halfter zu longieren.
Und siehe da: das Pony lief frisch und frei vorwärts, hielt den Kopf in einer ganz normalen Selbstaufrichtung, bewegte ihn nach oben und unten, trabte und galoppierte bereitwillig an, schnaubte mehrmals ab und sah völlig zufrieden aus. Ich fragte die Mutter, ob sie vielleicht noch einen längeren Stirnriemen habe, was sie verneinte. Also schnallte ich den Stirnriemen aus der Trense aus, ließ das Pony wieder auftrensen und satteln, das Mädchen stieg auf und musste, das erste Mal seit sie das Pony hatte, bremsen.
Die kleine Stute schritt mit gespitzten Ohren schon im Schritt fröhlich dahin und als das Mädchen wie gewohnt buffte und haute um anzutraben, machte das Pony einen Satz nach vorne, als wäre es davon vollkommen überrascht worden.

Ich kann bis heute nicht ganz genau erklären, was exakt im Körper dieses Ponys vorgegangen sein muss, aber ich vermute, das Pony empfand den Druck des Stirnriemens am Kopf und das Drücken des Genickstücks auf die Ohrenbasis als derart unangenehm und schmerzhaft, dass es sich am liebsten gar nicht mehr bewegt hätte, um jede Bewegung in dem Bereich zu vermeiden.
Und jetzt kommt das für mich Beeindruckendste: Als ich das Pony nach 20 Minuten, nachdem das kleine Mädchen freudestrahlend abgestiegen war, noch einmal untersuchte,

um die Blockaden in den Rippen zu lösen, waren diese weg, einfach verschwunden. Blockaden, die sich ohne jede Behandlung auflösten, waren mir bis dahin nicht bekannt gewesen.
Ich vermute, die kleine Ponystute hatte in Erwartung des Gebuffes reflexartig die Rippen herausgedrückt und diese durch das Anspannen der Zwischenrippenmuskulatur und einiger Bauchmuskeln festgestellt, um das unangenehme Klopfen und Buffen etwas abzufedern. Dies hatte sich vermutlich in der Untersuchung angefühlt wie eine Blockade, da die Rippen sich nicht bewegten, war aber in Wirklichkeit eine muskuläre Einschränkung und kaum blieb das Buffen aus, ließen die Muskeln los und die Rippen bewegten sich wieder.

Ich habe in der Folge noch einige Patienten gehabt, bei denen das simple Einschnallen eines weiteren/längeren Stirnriemens zu einem viel entspannteren, lockereren, zufriedeneren Pferd geführt hat. Sie brauchen sich dafür keine Spezialtrense zu kaufen, häufig ist ein weiter, langer Stirnriemen vollkommen ausreichend.

Merke: Achten Sie einfach darauf, dass der Stirnriemen weder das Genickstück an die Ohren zieht, noch auf die Stirn des Pferdes drückt.

6.3 Gebisse

Leider sieht man immer mehr Reiter mit teilweise wirklich scharfen Gebissen reiten. Nicht immer steckt dahinter die Angst sein Pferd sonst nicht kontrollieren zu können, es gibt Reiter, die mit einem scharfen Gebiss reiten und auf meine Frage aus welchem Grunde sie es nutzen, sagen, es handele sich um die neueste Empfehlung aus dem Internet und der Reitlehrer habe es auch empfohlen, außerdem würde dieses Gebiss zweihundert Euro kosten und könne daher ja nicht schlecht sein. Ich wundere mich schon sehr darüber, was für extreme Gebisse da teilweise bei einem ganz normalen Training ein geschnallt werden.

Ich kann die Male gar nicht zählen, in denen ich zu Pferden gerufen wurde, weil diese sich in eine Richtung nicht biegen ließen, auf einer Hand nicht gut galoppierten oder zügellahm waren. Wenn ich dann von innen in die Maulwinkel sah, fand ich (meistens nur rechts, häufig beidseits) Risse und offene Scharten, verursacht durch scharfe Gebisse. Abheilen konnten sie nicht, da jeden Tag wieder das Gebiss ins Maul geschnallt wurde. Auch hier passierte das in den meisten Fällen schlicht aus Unwissenheit und nicht aus böser Absicht. Die Reiter dachten sich nichts bei dem Gebrauch scharfer Gebisse und vermuteten, es müsse eine Blockade ursächlich sein für die Schwierigkeiten beim Reiten.

Auf die Idee in die Maulwinkel zu schauen, wären sie nie gekommen, weil sie die Anwendung des scharfen Gebisses und die Schwierigkeiten beim Reiten schlicht nicht in Verbindung gebracht haben.

Scharten, Scheuerstellen oder Risse in den Maulwinkeln sind sehr schmerzhaft für das Pferd, schauen Sie daher regelmäßig in die Maulwinkel - auch auf der Innenseite. Eine minimale Verletzung kann hier bereits erhebliche Schwierigkeiten in der Rittigkeit hervorrufen und diverse Blockaden auslösen - Ihr Pferd hat Schmerzen.

Nicht nur in den heimischen Reitställen, auch im internationalen Springsport sind teilweise Reiter mit den abenteuerlichsten Zäumungen unterwegs: Kandare plus Hackamore und Martingal gilt schon fast als Standardvariante. Etwas läuft in die falsche Richtung, wenn das Gros der Reiter es nur mit den schärfsten Gebissen und Zäumungen einigermaßen unfallfrei durch einen Parcours schafft, einen Parcours, wohlgemerkt, der von anderen Reitern mit normaler Wassertrense fehlerfrei bewältigt wird oder auch ganz ohne Reithalfter.

Ich kann meine Beobachtungen wie folgt zusammenfassen: Je mehr das Pferd im und um das Maul herumhat und je mehr Zügel der Reiter in der Hand hat, desto schlechter und „panischer“ und unüberlegter sieht der Ritt durch den Parcours in der Regel aus.

Gleiches gilt für die Dressurreiter: je mehr „Hilfszügel“, je schärfer die Gebisse, desto angespannter das Pferd und desto unharmonischer das Bild.

Es ist doch nun einmal so: Im Grunde müsste jeder Reiter so gut reiten und jedes Pferd immer so gut ausgebildet sein, dass es auf Wassertrense ohne Hilfszügel durch den Parcours oder die Dressuraufgabe der jeweiligen Klasse zu reiten ist.

Natürlich gibt es „heiße" Pferde und Kontrolle ist durchaus wichtig, nur ist es meiner Meinung nach der falsche Ansatz, immer mehr und schärfere Gebisse ein zu schnallen, anstatt einen Schritt zurück zu machen und so lange an der Basis zu arbeiten, bis das Pferd auf feine Hilfen zurückkommt und die Abstimmung perfektioniert ist. Ich persönlich halte es nebenbei bemerkt für absolut lebensgefährlich auf einem Pferd, welches ich nur mit schärfster Zäumung irgendwie kontrollieren kann, durch einen S Parcours zu reiten. Sowohl für das Pferd als auch für den Reiter.

Kommen wir zurück auf das dünne, scharfe Gebiss, mit dem manch ganz normaler Reiter sein Pferd täglich „dressurmäßig arbeitet" oder die Springkandare, mit der er durch den L Parcours reitet: Jeder Reiter sollte sich darüber im Klaren sein, was er mit seiner Hand anrichten kann.
Das Gebiss wirkt in erster Linie über den Druck auf das Zahnfleisch und den Unterkiefer. Je dünner es ist, desto schmerzhafter ist also der Druck und das gilt besonders für Gebisse aus Metall. Hat das Gebiss kein Gelenk, besteht es also aus einer durchgehenden Stange, ist die Wirkung noch einmal verstärkt. Sie können einem Pferd mit einer Kandare und der entsprechenden Kinnkette als Widerlager ganz einfach den Unterkiefer brechen.
Aber, selbst wenn Sie das nicht tun: Das Gebiss drückt auf das Zahnfleisch und durch das Zahnfleisch hindurch auf den Unterkieferknochen und jeder, der schon einmal eine Operation oder auch nur eine Entzündung am Zahnfleisch hatte, weiß, wie schmerzhaft alles ist, was in diesem Bereich stattfindet.

Zusätzlich verlaufen im Bereich des Unterkiefers eine Menge sehr empfindlicher Nerven und das Gebiss drückt auch noch auf die empfindliche Zunge des Pferdes.
Kurzum: Der Druck des Gebisses verursacht dem Pferd, je nach Stärke des Drucks und Dicke des Gebisses, Schmerzen. Um den Druck/Schmerz zu entkommen, nimmt das Pferd den Unterkiefer von der Quelle weg, es senkt den Kopf, zieht ihn Richtung Brust oder nimmt ihn, bei einseitigem Druck, zur Seite. Wenn es nicht ausweichen kann, weil der Reiter zum Beispiel nicht weich wird, mit der Hand, mit Schlaufzügeln, in Hyperflexion oder einfach „mit Kraft“ reitet, entsteht Spannung im Kopf und Genick und Hals. Um dem Druck und Schmerz zu entkommen, beißt das Pferd die Zähne zusammen oder sperrt das Maul so weit wie möglich auf, vorausgesetzt das ist eine Option, weil der Nasenriemen locker genug verschnallt ist.
Auch durch scharfe Gebisse und schmerzhafte Zäumungen wird das Pferd „Reiten“ in absehbarer Zeit mit Schmerz und Stress verknüpfen und nur unter hoher Anspannung gezwungenermaßen mitarbeiten.
Sie können sich ja einmal fragen, was Ihnen lieber wäre: Ein Pferd, welches nur widerwillig und aus purer Angst vor noch mehr Schmerz und Druck gehorcht, oder ein Pferd, das mit gespitzten Ohren und auf Sie und die Umgebung konzentriert in leichter Anlehnung am Sitz gesteuert, mit Ihnen gemeinsam die Aufgaben bewältigt.

Wenn Sie für die Arbeit mit Ihrem Pferd ein scharfes Gebiss benötigen, damit Ihr Pferd am Zügel geht oder Sie überhaupt Kontrolle haben, machen Sie etwas falsch.

Schnallen Sie das Gebiss aus und nehmen Sie eines, welches so weich wie möglich ist. (Viele Pferde lieben die günstigen Plastikgebisse, dann aber auf jeden Fall nur die einfach gebrochenen verwenden, die doppelt gebrochenen haben Verbindungen aus Metall, die sich bei einseitigen Zügelhilfen je nach Länge des Gebisses schnell auf die Laden zu bewegen und dann extrem schmerzhaft sind!)
Suchen Sie sich einen vernünftigen Reitlehrer, der Ihnen und Ihrem Pferd hilft - und zur Definition: Ein Reitlehrer, der Ihnen sagt, Sie sollen erst einmal den Nasenriemen richtig zu machen oder ein schärferes Gebiss ein schnallen, fällt nicht unter diesen Begriff.
Reiten Sie außerdem Ihr Pferd zwischendurch immer mal mit Halfter und Strick oder Halsriemen, um sich zu vergewissern, dass die Abstimmung zwischen Ihnen und Ihrem Pferd auch ohne die Einwirkung des Gebisses funktioniert. (Übungen für zügelunabhängigeres, feineres Reiten finden Sie in „Mit dem Pferd statt auf dem Pferd“).

Es gibt keinen Grund für ein scharfes Gebiss beim Reiten, aber unterschiedliche Pferde bevorzugen unterschiedliche Gebisse. Ein Pferd mit kurzer Maulspalte fühlt sich mit einem dünneren Gebiss möglicherweise wohler als mit einem dicken, mit dem es vielleicht nicht einmal die Lefzen schließen kann. Ein wenig gilt hier das Motto: ausprobieren, dabei gilt es jedoch, ehrlich zu bleiben und wirklich auf das Pferd zu achten und nicht auf das eigene Wohlgefühl.
Manchmal erklären mir Reiter nämlich, ihr Pferd würde mit einem schmalen, sehr dünnen Metallgebiss am „zufriedensten“ laufen und mit dieser Feststellung wäre ich

vorsichtig: Denn nur weil Sie Ihr Pferd auf einem scharfen Gebiss leichter kontrollieren können, es leichter „am Zügel“ geht und „gehorsamer“ ist, bedeutet das natürlich nicht eine größere Zufriedenheit Ihres Pferdes. Es ist im Gegenteil gut möglich, dass nur Sie zufriedener sind, weil sich das Pferd aufgrund des schärferen Gebisses einfacher bedienen lässt.

6.4 Halfter und Strick

Es ist schwer zu glauben, aber auch bei Halfter und Strick gibt es Dinge zu beachten, mit denen Sie sich und Ihrem Pferd das Leben einfacher machen können. Selbst ich bin immer wieder erstaunt durch welche Kleinigkeiten bei einem so riesigen, schweren Kraftpaket wie dem Pferd Blockaden ausgelöst werden können. Aber wie die Erfahrung aus der Praxis zeigt, ist so etwas an der Tagesordnung und daher möchte ich Ihnen diese Beobachtungen nicht vorenthalten. Ungepolsterte oder nur mit dünnem Vlies gepolsterte Nylonhalfter können scheuern, was manche Pferde offenbar zu einer Ausweichhaltung veranlasst und Genickblockaden hervorrufen kann. Ich hatte bereits mehrere Patienten, bei denen sich am Ende das Halfter als Ursache wiederkehrender Blockaden und dadurch hervorgerufener Anlehnungsschwierigkeiten herausstellte. Und es hat, ehrlich gesagt, wirklich ziemlich lange gedauert, bis ich das herausgefunden hatte. Ich wäre einfach nie auf die Idee gekommen, dass eine solche Kleinigkeit derartige Auswirkungen haben könnte.

Das erste Mal nachweisen konnte ich es an dem Fall eines damals neunjährigen Fuchswallachs, der gerade in seiner ersten Saison S Dressur lief. Der Wallach war seit zwei Jahren bei mir in Behandlung, allerdings maximal alle vier bis sechs Monate einmal, da er immer topfit war. Nun rief mich die Besitzerin an, weil er sich im Genick verwarf, die Anlehnung nicht konstant war und er insgesamt beim Reiten unzufrieden wirkte.

Bei der Untersuchung fand ich das Genick des Pferdes nach rechts blockiert, damit meine ich, dass der erste Halswirbel sich zum Hinterhauptbein nicht adäquat bewegte und dabei minimal nach rechts rotiert war. Anders erklärt: Der erste Halswirbel hat zwei Flügel, wenn man so will, und nun war der Wirbel in einer Position fixiert, in der der rechte Flügel ein winziges bisschen weiter unten und der linke Flügel ein winziges bisschen weiter oben stand.

Noch einmal zur Klarstellung: Es handelt sich niemals um ein „Ausrenken“ sondern wirklich nur um minimale Verschiebungen und Bewegungseinschränkungen, die der Laie im Zweifel nicht bemerken würde.

Sämtliche umgebende Muskulatur war hochgradig angespannt und auf Druck schmerzhaft, ansonsten war das Pferd allerdings vollkommen in Ordnung. Das war schon ein wenig ungewöhnlich, da Genickblockaden meiner Erfahrung nach fast nie einzeln auftreten, aber ich schob es auf das nun vermehrte Reiten auf Kandare, welches dem Pferd eventuell zu viel war und zu Verspannungen und Überlastung der Muskulatur geführt hatte.

Im Training für die Klasse M war die Besitzerin fast ausschließlich auf Trense geritten und erst jetzt, aufgrund der erhöhten Anforderungen in der Vorbereitung auf die S Dressuren, ritt sie vermehrt auf Kandare. Das war also neu und schien naheliegend und ich behandelte das Pferd und verordnete zwei Wochen Kandaren Pause.

Nach drei Wochen rief mich die Besitzerin wieder an. Sie war wieder auf einem Turnier gewesen und hatte dieses Mal sogar im Protokoll stehen gehabt, ihr Pferd würde sich im Genick verwerfen und die Richter äußersten Zweifel, ob das Pferd den Anforderungen schon gewachsen wäre. (Ich freute mich nebenbei bemerkt darüber, so eine Anmerkung in einem Turnierprotokoll zu lesen.) Aber für die Reiterin war das natürlich nicht erfreulich und auch jetzt, wo sie wieder ausschließlich auf Trense ritt, war das Verwerfen nicht weg. Nur die Tage zwischen der Behandlung und dem Turnier sei es gut gewesen, sagte sie.

Ich fuhr also wieder hin und fand wieder die exakt gleiche Blockierung vor, nur war dieses Mal auch noch die rechte Zungenbeinbasis blockiert. Also behandelte ich erneut und verordnete ruhiges Training auf Trense. Nach dem nächsten Turnier meldete sich die Besitzerin wieder: Sie war bis zum Turnier locker auf Trense und zweimal auf Kandare geritten und alles war soweit gut gewesen. Aber bereits beim Abreiten auf dem Turnier und dann in der Prüfung verdrehte der Wallach das Genick wie zuvor und war mit aller Mühe nicht geradezurichten.

Es war klar: entweder machte die Reiterin auf Turnieren etwas grundlegend anders, war vielleicht nervös, wirkte vermehrt mit der Hand ein, das Pferd war den

Anforderungen tatsächlich noch nicht gewachsen - oder ich hatte etwas übersehen. Das Pferd war in Ruhe und gewissenhaft ausgebildet worden und die Reiterin war die Turnierreiterei von Kindesbeinen an gewöhnt und überhaupt kein nervöser Typ.

Es blieb also Option drei. Wieder bei dem Pferd angekommen begann ich meine Untersuchung wie immer auf der linken Seite und fand wieder die Blockierung im Genick. Als ich nach rechts kam und das Lederhalfter, das der Wallach immer trug, nach hinten schob, um das Genick zu untersuchen, fiel mir dieses Mal eine kleine Scheuerstelle auf, die hinter dem Ohr auf dem Fell über dem rechten Atlasflügel saß. Ich fragte die Besitzerin, ob das Genickstück ihrer Kandare abgepolstert sei. War es natürlich. Ob sie irgendetwas anderes an der Ausrüstung verändert habe? Nein, habe sie nicht. Ob er mit einem neuen Partner auf die Weide gehe? Nein, immer noch derselbe Kumpel. Allerdings, schob sie dann ein, habe sie ein neues Berittpferd, das sie immer in denselben Prüfungen reite wie den Wallach, die beiden würden daher zusammen Hänger fahren.

Das wäre eine Erklärung gewesen, aber was war mit der Scheuerstelle? Ich fragte noch einmal nach, ob sich irgendetwas an der Ausrüstung verändert habe, was die Besitzerin erneut verneinte. Dann fügte sie lachend hinzu: „Na ja, ich habe für den Fuchs und das neue Berittpferd passende Halfter gekauft, damit sie schick aussehen auf den Turnieren, aber das wird ja wohl kaum der Grund sein!“

Das glaubte ich auch nicht, bat sie aber dennoch, dem Wallach besagtes Halfter anzulegen. Es war wirklich sehr schick, allerdings hatte es, wie viele Halfter, nur links eine Schnalle zum Verstellen der Länge und eine recht harte Vließunterfütterung am Genickstück, die auf der linken Seite bis zu besagter Schnalle lief und auf der rechten Seite weit kürzer war, wie es bei allen diesen Halftern der Fall ist.

Unter den verständnislosen Blicken der Besitzerin ließ ich den Wallach mit dem Halfter in die Box, um zu sehen, wie es saß, wenn er sich normal bewegte. Und siehe da: Das Gewicht der Schnalle zog das Halfter nach links, wodurch das Ende des Polsterungsvlieses genau auf dem rechten Atlasflügel zu liegen kam und dort scheuerte.

Nun muss man vielleicht wissen, dass Füchse insgesamt sehr hautsensibel sind, ähnlich wie rothaarige Menschen haben sie sehr empfindliche Haut und scheuern sich schneller auf als die meisten anderen Fellfarben, dennoch habe ich das Phänomen später auch bei andersfarbigen Pferden gefunden.

Diesem Wallach war das Scheuern nun so extrem unangenehm, dass er versuchte, dem Reiz durch Wegdrehen des Genicks zu entkommen. Also drehte er den Kopf, sprich sie Nase, minimal nach links, sodass der erste Halswirbel nach rechts und unten rotierte, weg von dem unangenehmen Scheuern.

Die Muskulatur hatte diese Haltung rasch aufgegriffen und bei jedem Kontakt mit dem Halfter wurde die Blockierung wieder hervorgerufen, was erklärte, warum sie immer nur auf und nach dem Turnier auftrat, da der Wallach das Halfter nur zu diesem Anlass trug. Obwohl ich nun die Ursache herausgefunden hatte, konnte ich nicht wirklich glauben, dass eine so minimale Störung so enorme Auswirkungen

haben könnte. Das Halfter wurde entsorgt, das Pferd noch einmal von mir behandelt und war danach für die gesamte Saison komplett beschwerde- und blockadefrei. Der Wallach gewann im Anschluss mehrere S Dressuren und war zweimal unter den ersten drei.
Das Beispiel zeigt: Es gibt Pferde, die überaus empfindlich sind und bei denen bereits ein scheuerndes Halfter echte Schwierigkeiten in der „Rittigkeit" machen und vor allem Folgen für die Gesundheit des Pferdes haben kann. Unbehandelt wäre das Pferd nicht mehr geradezurichten gewesen, hätte wahrscheinlich mehr „Frust-Druck" von der Reiterin bekommen, sich kompensatorisch den Hals und die Vorhand und schließlich das Becken blockiert, wäre unter Umständen lahm gegangen, hätte definitiv seinen Schwung und Takt verloren und Schmerzen gehabt.
Es lohnt sich daher auch bei so etwas vermeintlich simplem wie dem Halfterkauf darauf zu achten, was für das Pferd am angenehmsten ist. Und wenn es dann leider nicht das Halfter mit dem Strass wird, würde ich dringend empfehlen damit zu leben.
Achten Sie darauf Lederhalfter zu kaufen oder gut gepolsterte, breite Nylonhalfter mit zwei(!) Schnallen zum Verstellen der Länge, das heißt auf jeder Seite symmetrisch eine Schnalle. Diese dann bitte auch immer symmetrisch verschnallen, also rechts und links in das gleiche Loch - damit verhindern Sie ein Verrutschen des Genickstücks durch das sonst einseitig höhere Gewicht. Sie können sich bei Ihrem nächsten Besuch im Reitladen einmal spaßeshalber vor die Wand mit den Halftern stellen, sie

werden sehen, dass die Halfter alle nach (von Ihnen aus gesehen) rechts herunterhängen.
Achten Sie auf einen weiten Nasenriemen, der es dem Pferd erlaubt, das Maul komplett zu öffnen, wie zum Beispiel beim Gähnen. Ein zu enger Nasenriemen kann, wenn das Pferd mit Halfter auf die Weide kommt oder mit Halfter in der Box steht, die Mahlbewegung des Kiefers beeinträchtigen und zu mangelhafter Zerkleinerung des Futters führen.

Und noch ein Tipp zur Vermeidung von Verletzungen: Bringen Sie Ihrem Pferd von vorneherein bei sich angebunden niemals ins Halfter zu hängen, denn das führt immer mindestens zu Blockaden des Genicks und des Kreuzbeines und somit des Beckens, im schlimmsten Fall zu Verletzungen des Nackenbandes und des Genicks. Auch gibt es Fallberichte von Absplitterungen und Brüchen der Sitzbeinhöcker durch Zurückwerfen im Halfter.
Es gibt Pferde, wir hatten so eine Stute, die gehen ganz langsam zurück oder verlagern tatsächlich nur das Gewicht nach hinten, bis der Strick unter Hochspannung steht und das Halfter ebenso. Dann, wenn so richtig viel Spannung auf dem Genick ist und wider Erwarten (das Pferd möchte mit diesem Vorgehen ein Freikommen provozieren) weder das Halfter noch der Strick gerissen sein sollte, bekommen sie eine „Panikattacke“ und fallen dabei meistens auf den Hintern. Spätestens dabei ziehen sie sich multiple Blockaden im Becken und den Hintergliedmaßen zu, mit Pech auch schwerere Verletzungen und ohnehin Blockaden in Hals und Genick. „Auf den Hintern fallen“ tut das Pferd im Übrigen auch gerne, wenn, wie beabsichtigt, Halfter

und/oder Strick reißen und das Pferd auf diese Weise freikommt. Da sich Pferde bei solcherlei unnötigen Handlungen ganz erheblich verletzen können, ist das eine der wenigen Situationen, in denen ich tatsächlich eine negative Verknüpfung erfinden würde, um absolut sicherzugehen, dass diese Situation nicht aus Jux und Tollerei vom Pferd herbeigeführt wird. Ein Pferd kann sich natürlich immer erschrecken und aufgrund dessen in eine solche Situation geraten, das ist aber etwas anderes. Hier meine ich nur die Pferde, die sich absichtlich in diese gefährliche Situation bringen und damit erhebliche Verletzungen provozieren. Bei unserer Stute habe ich mich hinter einem Busch versteckt und gewartet und als sie sich langsam nach hinten schob, um sich mit überstrecktem Genick ins Halfter zu hängen, habe ich ihr einen nassen Schwamm an die Hinterbeine geworfen. Das tat ihr natürlich nicht weh, aber sie hat sich derart erschrocken, dass sie einen Satz nach vorn machte und danach tatsächlich nie wieder einen Versuch unternahm, Halfter oder Stricke zu sprengen.

Letzter Punkt zum Thema Stallhalfter: Achten Sie immer darauf, den Karabinerhaken beim Schließen nach außen zu drehen. Ich sehe gelegentlich immer noch Pferde, bei denen der Karabinerhaken des Halfters verkehrt herum zu gemacht wird, mit der Folge, dass der Verschluss in die Backe des Pferdes drückt. Dort liegt der Musculus Masseter, der größte Kaumuskel des Pferdes, und einer der zwölf Hirnnerven, der Nervus Facialis, verläuft mir seinen Ästen in diesem Bereich. Kurz: der punktuelle Druck kann schmerzhaft sein und das

Pferd, je nachdem wie sensibel es ist, unter Umständen dazu veranlassen, dem ausweichen zu wollen. Mit der Folge, dass es sich im Genick nach links blockiert, da es quasi die Nase nach rechts dreht, weg von dem pieksenden Objekt. Eine solche dauerhafte Ausweichhaltung wird über kurz oder lang zu einem Verschieben des Unterkiefers nach rechts führen, die Zähne stehen dann nicht mehr übereinander, mit der Folge, dass die Zähne im linken Unterkiefer zungenseitig Spitzen bilden können, die im rechten Unterkiefer backenseitig und die Zähne im linken Oberkiefer backenseitig Spitzen bilden können, im rechten Oberkiefer zungenseitig. Außerdem strapaziert eine solche Schonhaltung natürlich die Kiefergelenke und die gesamte Muskulatur des Kopfes.
Sie stellen eine weitere Ursache für Schmerzen und Blockaden ab, wenn Sie darauf achten, den Haken stets nach außen zu drehen.

Nun noch ein kontroverses Thema, aber ich kann nicht ein Kapitel zur pferdegerechten Ausrüstung schreiben und dabei diesen Gegenstand ignorieren: Knotenhalfter. Wir haben uns schon beim Thema Horsemanship damit befasst, aber unter dem Punkt „Ausrüstung“ muss es noch einmal Erwähnung finden. Um das einmal vorwegzunehmen: ein Knotenhalfter ist keineswegs „pferdefreundlich“, es handelt sich im Gegenteil um einen scharfen Ausrüstungsgegenstand. Irritierenderweise loben ausgerechnet die Menschen, die von sich behaupten „Horsemen“ zu sein, also pro Pferd und pferdefreundlich, die Arbeit mit dem Knotenhalfter in den höchsten Tönen.

Es handelt sich bei diesem Halfter um ein aus dünnen, in Genick, Nackenband und Nasenbein einschneidenden, reißfesten Nylonschnüren gefertigtes Konstrukt, in dem an empfindlichen Stellen des Pferdegesichtes zusätzlich Knoten angebracht sind, um auf Schmerzpunkte einzuwirken.
Der einzige Grund, warum die Pferde mit dieser Art Halfter folgsamer und „gelehriger" scheinen ist der, dass die dünnen Nylonschnüre und die Knoten dem Pferd schon mit sehr wenig Zug oder Druck Schmerzen zufügen.
Es ist an diesem „Halfter" in der Regel ein sehr schweres, dickes Führseil befestigt. Alleine das Gewicht des Seiles verursacht einen permanenten Druck der dünnen Schnüre auf Kopfgelenke, Genick und Gesicht, Haut, Weichteile, Bänder, Nervenscheiden, Nerven, Schleimbeutel, Knochenhäute und Knochen.
Ein starker Zug am Strick, weil das Pferd nicht dahin will, wo Sie hin möchten, der bei einem normalen Halfter gar nichts auslösen wird, kann mit dem Knotenhalfter bereits Verletzungen im Genick und Entzündungen am Nackenband hervorrufen. Auch Blockaden der oberen Halswirbel, der Kopfgelenke, der Schultern und des Übergangs zwischen dem siebten Halswirbel und dem ersten Brustwirbel sowie des Widerrists habe ich bei Pferden, die mit Knotenhalftern gearbeitet wurden, deutlich gehäuft gefunden.
Ich vermute, das liegt unter anderem an dem Ziel dieser Arbeit, dem Pferd beizubringen, den Kopf stets der Führperson zuzuwenden.

Da die Pferde dies ausschließlich deshalb tun, weil sie dem durch die Knoten und dünnen Schnüre ausgelösten Druck und Schmerz zu entkommen versuchen, wird diese Bewegung vom Pferd häufig durchgeführt, obwohl zum Beispiel die Position der Vorder- oder Hinterbeine es in dem Moment gerade eigentlich nicht zulässt. Das Pferd spürt den Druck/Schmerz und das Entkommen aus der unangenehmen/bedrohlichen Situation rückt an die allererste Stelle, auch wenn dies zulasten anderer Strukturen des Körpers geht. Kopf und Hals werden also schnell zur Seite gedreht, obwohl diese Bewegung bei der aktuellen Position der Beine einen Verlust des Gleichgewichtes bedeutet, andere Körperteile müssen kompensieren, damit das Pferd nicht umfällt und das führt zu Blockaden.

Deshalb noch einmal: Die Größe und Kraft des Pferdes täuscht darüber hinweg, um was für ein äußerst sensibles Tier es sich handelt. Sie benötigen keine scharfen Hilfsmittel, um ein Pferd zu kontrollieren. Sie brauchen Vertrauen und eine funktionierende Kommunikation.

Auch passiert es immer wieder, dass Pferde an besagten Knotenhalftern „das Stehen lernen" sollen, also angebunden werden. Ich muss das an dieser Stelle leider sagen: Diese Maßnahme ist absolut lebensgefährlich für das Pferd, das Knotenhalfter ist aus reißfestem Material und hat absichtlich keinerlei Sollbruchstellen. Jedes Pferd kann jederzeit vor irgendetwas erschrecken und in den Fight/Flight Modus versetzt werden, was dazu führt, dass es alles tun wird, um freizukommen - auch wenn es sich dabei umbringt. Ein an einem solchen Halfter angebundenes Pferd wird sich in Panik schwerste Verletzungen zu ziehen, bis hin zur

Durchtrennung des Rückenmarks, Zerreißung des Nackenbandes oder ganzer Nervenstränge und Genickbruch. Ich habe einmal ein Pferd gesehen, das sich im Knotenhalfter zurückgeworfen hatte und diese Verletzungen waren schrecklicher anzusehen als die halb von Löwen und Hyänen aufgegessenen toten Pferde, die ich aus Afrika kenne.

Das Pferd musste sofort erlöst werden und bis der Tierarzt endlich da war, lag es stöhnend, mit weit aufgerissenen, angsterfüllten Augen da und sah uns Hilfe suchend an. Es muss unvorstellbare Schmerzen und Todesangst gehabt haben und ich werde dieses Bild nie vergessen und bete, so etwas nie wieder sehen zu müssen.

Bitte binden Sie niemals ein Pferd an einem Knotenhalfter an, auch nicht „das ruhigste und liebste Pferd der Welt", denn auch dieses kann sich jederzeit vor irgendetwas erschrecken.

Ich weiß ehrlich gesagt auch wirklich nicht, warum man überhaupt zum Knotenhalfter sollte, wenn es doch genauso gut anders geht. Mit einem breiten, bequemen, weichen Stallhalfter mit Sollbruchstellen zum Beispiel.

6.5 Pferdedecken

Eine Reiterin rief mich im April wegen ihres zehnjährigen Pferdes an. Sie berichtete mir, es befände sich seit sieben Jahren in ihrem Besitz und sei zuvor noch nie krank gewesen. Wohl ließ sie es ein- bis zweimal jährlich von ihrem

Zahnarzt und ihrem Chiropraktiker ansehen, aber ernsthaft gewesen sei noch nie etwas. Nun sei das Pferd jedoch seit dem November des Vorjahres durchgehend krank und habe laut der Tierärzte in der Klinik einen chronischen Husten entwickelt, eine COPD (Chronic Obstructive Pulmonary Desease zu Deutsch: Chronisch Obstruktive Bronchitis).

Außerdem trabe das Pferd nicht mehr so schwungvoll wie früher, sondern wie ein Shetlandpony, aber der Tierarzt habe nichts finden können, was dies erklären hätte können und nur gesagt ihr Pferd habe nun einmal nicht die Bewegungen eines Valegro, das sei ja nun aber keine Krankheit.

Sie habe mehrfach ihren Chiropraktiker dagehabt, es mit Globuli, Schmied und Untersuchungen in der Tierklinik versucht, seit drei Monaten täglich mit dem Pferd inhaliert, es auf Späne gestellt, es bekäme nur noch nasses Heu, aber nichts habe geholfen. Weder was den Husten beträfe, noch das viele Stolpern, das gebundene Gehen und den schwunglosen Trab. Sie fragte mich, ob ich mir das Pferd ansehen könne und schon ohne das Pferd gesehen zu haben, hatte ich aufgrund des Berichtes einen Verdacht, was dieses Desaster ausgelöst haben könnte. Bei dem Pferd angekommen fragte ich die Besitzerin, ob sie zufällig im Oktober geschoren und eventuell eine neue Decke gekauft habe. Sie war, glaube ich, ziemlich verdutzt, erstens über die komische Frage und zweitens, weil es genauso gewesen war. Ich ließ die besagte Decke holen und dem Pferd auflegen, eine hochwertige Decke, die auf den ersten Blick so aussah, als würde sie passen. Kaum hatte ich dem Pferd jedoch ein bisschen Heu auf den Boden gelegt, worüber sich das arme Tier natürlich sehr freute, da es seit Monaten kein trockenes,

lockeres Heu mehr bekommen hatte, änderte sich das Bild: Die Decke klemmte an Widerrist und Schulter.
Bei der Untersuchung des Pferdes fanden sich Blockaden im Widerrist, der sich eigentlich gar nicht mehr bewegte, in beiden Schultern, den Karpalgelenken und dem Fesselgelenk. (Die beiden letzteren waren offenbar eine Kompensation des Bewegungsverlustes in Widerrist und Schultern.) Durch diese Blockaden wurde das kurze Gehen, der Shetty-Trab und das häufige Stolpern ausgelöst und die Blockade des Widerristes wirkte sich zudem negativ auf den Lungenmeridian aus, was das Pferd anfällig für Atemwegserkrankungen machte.
Ich erklärte der verdutzten Besitzerin, dass diese Decke sehr wahrscheinlich der Auslöser für die gesundheitlichen Einschränkungen ihres Pferdes sei und dass ich darüber hinaus nicht an eine COPD ihres Pferdes glaubte, sondern sehr viel eher überzeugt sei, es würde sich nach der Behandlung innerhalb einiger Tage vollständig erholt haben und auch seinen schwungvolleren Trab zurückgewinnen. Nach all diesen Monaten voller Klinikaufenthalte, Cortison, ACC, Antibiosen etc. hielt sie das vermutlich für nicht besonders glaubwürdig, aber sie war glücklicherweise konsequent genug, die Empfehlungen nach der Behandlung genau wie besprochen umzusetzen.
Nach einer Woche rief mich die Besitzerin glückselig an und berichtete mir, sie könne ihr Pferd wieder vollkommen normal reiten und es habe nicht ein einziges Mal mehr gehustet, obwohl es nun wieder auf Stroh stünde und normales Heu bekäme.

Dies ist ein weiteres Beispiel dafür durch welche vermeintlichen Kleinigkeiten wir den Pferden ohne es zu beabsichtigen, ernsthaften Schaden zufügen können. Aber so ist es leider. Der Druck einer zu engen Decke, ganz gleich ob Fliegen-, Regen-, Stall- oder Winterdecke, kann rasch zu teilweise erheblichen Blockierungen im Widerrist führen und in der Folge zu Unrittigkeit, Stolpern, Widersetzlichkeit, Schwierigkeiten im Galopp, aus dem Sattel ziehen, durch Kopf nach unten reißen und eben: hartnäckigen Atemwegserkrankungen.
Ich kam vor einigen Jahren auf diesen Zusammenhang, nachdem ich in einem Jahr in einem außergewöhnlich warmen Oktober/November eine sehr hohe Anzahl von Pferden mit Widerristblockaden registriert hatte, die Atemwegserkrankungen hatten. Der Zusammenhang zwischen Blockaden des Widerrists und Erkrankungen der Atemwege war mir vorher bewusst, ich hatte jedoch die Blockaden des Widerrists bis dahin stets als Folge der Atemwegserkrankungen eingeordnet und war nicht auf die Idee gekommen, dass es eventuell auch andersherum sein könnte.
Waren mir in anderen Jahren im Oktober/November also erhöhte Zahlen von Widerristblockaden aufgefallen, hatte ich es auf die Erkältung oder den Husten geschoben, von dem das Pferd gerade geplagt wurde, was bei plötzlichen Kälteeinbrüchen in dieser Jahreszeit ja nicht ungewöhnlich ist. Nun war dieser Oktober/November aber, wie gesagt, sehr mild und es gab absolut keinen Grund für die steigende Anzahl der Atemwegserkrankungen und Widerristblockaden.

Für mich ergab sich daraus die Schlussfolgerung, dass zuerst die Blockade des Widerrists da gewesen sein musste und der Husten/Schnupfen eine Folge dessen war, es galt also herauszufinden, warum sich so besonders viele Pferde in dieser Jahreszeit den Widerrist blockierten. Ich begann zu untersuchen, was alle betroffenen Pferde gemeinsam hatten und was die gesunden Pferde von ihnen unterschied.
Ich hatte ziemlich schnell herausgefunden, dass alle betroffenen Pferde eingedeckt waren, aber: nicht alle eingedeckten Pferde waren betroffen. Also nahm ich die Decken der betroffenen Pferde genauer unter die Lupe, die tatsächlich bei allen Pferden an Schulter und Widerrist zu eng waren.
Spätestens wenn das Pferd den Kopf senkte, um zu fressen, oder wenn es sich bewegte, drückten die Decken auf das Schultergelenk und die Dornfortsätze der Brustwirbel, die den Widerrist formen. Ich gab den Besitzern den Rat, die Decken auszutauschen und beseitigte die Blockaden. Bei den Pferden, bei denen die Decken gegen locker sitzende ausgetauscht wurden, blieben die Blockaden verschwunden und die Atemwege kamen wieder in Ordnung, bei jenen, bei denen die Decken nicht oder erneut gegen zu enge ausgetauscht wurden, verschlimmerten sich die Blockierungen und die Atemwegserkrankungen wurden trotz regelmäßiger Tierarztbesuche chronisch.
Ich habe den direkten Zusammenhang von unpassenden Decken und Widerrist-/Schulterblockaden seitdem immer wieder gefunden. Die meisten Reiter kaufen eine Decke und legen sie dem Pferd in der Box oder auf der Stallgasse kurz auf, um zu sehen, ob sie passt -das reicht nicht.

Prüfen Sie den lockeren Sitz der Decke auf jeden Fall auch in der Bewegung und wenn das Pferd vom Boden frisst und achten Sie beim Deckenkauf darauf, dass eine lange Gehfalte vom Widerrist bis zum Saum verläuft oder der Halsausschnitt der Decke bis über Schulter und Widerrist hinaus weit genug ist und die Bewegungsfreiheit des Pferdes in vollem Umfang gewährleistet.

Und noch ein weiterer Punkt zum Thema Decken: schnallen Sie die Bauchgurte so kurz, dass sie lose am Pferdebauch anliegen. Wenn die Pferde sich hinlegen oder zum Beispiel nach einer Mücke unter dem Bauch treten, können sie sich mit den Beinen in locker herunterhängenden Bauchgurten verfangen. Das führt leider ebenfalls immer wieder zu sehr unschönen Blockaden und teilweise schwereren Verletzungen.

6.6 Der Sattel

Wir hatten früher vier Pferde und sechs Sättel, die meine Großmutter im Reitladen nach Marke und Lederqualität ausgesucht hatte und mit denen alle unsere Pferde geritten wurden. Da wurde nichts ausgemessen oder angepasst, der Sattler bekam die Sättel nur zu sehen, wenn die Kissen zusammengesackt waren, dann wurden sie zu ihm gebracht und aufgepolstert. In seiner Werkstatt, nicht am Pferd. Der gleiche Sattler polsterte auch die Sofas und Sessel für das Wohnzimmer wieder auf. Interessanterweise passten die

alten Sättel trotzdem gut auf alle Pferde, allerdings waren die Pferde auch durchgehend vom „alten Schlag", mit ausgeprägtem, aber nicht zu hohem Widerrist, langer Oberlinie und klarer Schulter. Der bereits erwähnte „Zaubersattel" meiner Großmutter mit dem sie sprang, ausritt und Dressurlektionen übte, wurde von ihr nicht etwa deshalb so viel genutzt, weil er so bequem war, denn das war er definitiv nicht, sondern weil er am besten auf allen unseren Pferden lag.
Die Geschichte mit dem Zaubersattel und alle meinen anderen Erfahrungen zu diesem Thema haben mir zwei Leitsätze beigebracht:

1. Ein Sattel muss dem Pferd passen, nicht dem Reiter.
2. Ein losgelassener Sitz ist die Basis allen Reitens, nicht der Sattel.

Ich weiß sowohl aus eigener als auch aus leidvoller Erfahrung von Kunden, wie schwer es ist, einen wirklich kompetenten Sattler zu finden und vor allem: Einen wirklich guten, dem Pferd passenden Sattel. Leider kann ich Ihnen kein Geheimrezept für den perfekten Sattel geben, da das ja nun einmal für jedes Pferd anders ist. Aber folgende Punkte sollten Sie bei der Auswahl Ihres Sattels auf jeden Fall beachten:

• Der Sattel sollte weiche Kissen haben. Also das, was auf dem Pferderücken aufliegt, sollte sehr weich gepolstert sein, denn ein hart gepolsterter Sattel ist für das Pferd in jedem Fall unangenehm, selbst wenn er gut liegen sollte.

• Wählen Sie einen Sattel mit einer eher breiten Auflagefläche, also breiter Kammer und breiten Kissen.

• Die Auflagefläche des Sattels sollte nie über den letzten Brustwirbel hinausgehen. Die Wirbel der Lendenwirbelsäule, die sich als Nächstes anschließen, haben seitliche Fortsätze und blockieren sich schnell durch Druck. Laufen auf mehreren Hufschlägen (Hinterhand in die Bahn), erhebliche Schmerzen in der Lende (meist einhergehend mit einem weggedrückten Rücken beim Putzen und Satteln), sowie chronische Durchfälle, Kotwasser, Knieprobleme und hormonelle Dysfunktionen sind in der Praxis häufige Folgen.

• Zwischen der Kammer und dem Widerrist sollte bei fest angegurtetem Sattel und mit Reiter immer noch bequem eine Hand Platz sein.

• Die Kammer sollte stets so breit sein, dass neben der Wirbelsäule auf beiden Seiten einige Fingerbreit Platz ist.

• Der Sattel darf die Bewegung der Schulter nicht beeinträchtigen. Auch hier gilt: fest gegurtet und mit Reiter sollte man bequem mit der Hand zwischen Sattel und Schulter hinab gleiten können.

• Wenn Sie von hinten schauen, soll der Sattel genau mittig auf dem Pferd liegen, das heißt rechts und links genau gleich viel Platz zur Wirbelsäule haben und beide Kissen sollten gleich hoch sein.

Mein wichtigster Rat: Bei allem, was Sie an Sätteln ausprobieren, achten Sie in zuallererst darauf, wie locker, zufrieden, losgelassen, schwungvoll und gerne Ihr Pferd damit läuft.
Es ist erst einmal vollkommen unerheblich, **ob** Sie den Sattel für bequem halten, denn an Ihrem Sitz können Sie arbeiten, einen kaputten Pferderücken hingegen bekommt man nicht so leicht wieder hin. Ganz abgesehen von der Verknüpfung, die Ihr Pferd auch hier mit dem Training herstellt, wenn es mit einem unpassenden Sattel geritten wird: nämlich Schmerzen und Stress. Glauben Sie mir, Sie werden langfristig keine Freude daran haben, wenn Sie einen Sattel kaufen, nur weil er für Sie bequem ist. Wenn ich mich heute manchmal so umsehe, in den Reitställen und auf Turnieren, würde ich eine ganze Menge von den Reitern gerne einmal in den Sattel meiner Großmutter setzen. Offenbar herrscht die Vorstellung, dass ein „guter Reiter" keinen regelmäßigen Reitunterricht braucht und schon gar keine Sitzgymnastik - ein Maßsattel für mehrere tausend Euro reicht. Am liebsten mit dicken Pauschen vorn und hinten, die das Bein in die richtige Position drücken und es dort so fixieren, dass der Reiter sich nicht mehr auf seinen Sitz zu konzentrieren braucht. Die Bequemlichkeit des Sattels für den Reiter hat leider oftmals oberste Priorität. Manche Reiter nutzen ihren Sattel weiterhin auf einem Pferd „weil er so bequem ist" obwohl er diesem Pferd erwiesenermaßen Schaden und Schmerzen zufügt. Es gibt einen bestimmten Hersteller,

durch dessen Sättel, speziell ein besonderes Modell, offenbar bei so gut wie allen Pferden über kurz oder lang Rückenschmerzen entstehen. Ich persönlich kenne nur ein einziges Pferd, das dauerhaft ohne Schwierigkeiten mit einem solchen Sattel läuft. Zufällig zählen diese Sättel zu den für den Reiter komfortabelsten und bequemsten. Fast alle Reiter, denen ich erklärte, besagter Sattel sei für die Rückenschmerzen ihres Pferdes verantwortlich und sie müssten sich umgehend einen anderen kaufen, um schlimmere Schäden im Rücken ihres Pferdes noch zu verhindern, antworteten mir:
„Aber der ist so superbequem! Dann lass' ich den lieber noch mal aufpolstern!"
Auf meine nachdrückliche Versicherung, dass es mit Aufpolstern nicht getan sei, weil der Sattel schlicht auf die Lendenwirbelsäule und die Brust-Lendenfaszie ihres Pferdes einwirke, kam dann: „Ach, der ist die ganze Zeit damit gelaufen! Das ist jetzt bestimmt etwas anderes, warum der da empfindlich ist! Der Sattel ist superbequem, da ist nichts mit!"
Bequem für den Reiter, ja. Extrem schmerzhaft für das Pferd.

Das eigene Bequemlichkeitsgefühl vieler Reiter geht so weit, dass sie den unpassenden Sattel wissentlich ignorieren und so lange weiter damit reiten, bis das Pferd lahm ist und bei kleinsten Berührungen auf dem Rücken in die Knie geht. Dann wird in die Klinik gefahren, wo es die Diagnose „Entzündung im Rücken" gibt und mehrere Injektionen mit Cortison und Lidocain vonnöten sind, um das arme Tier

einigermaßen wieder herzustellen. (Kurz zur Erklärung: Cortison wirkt der Entzündung entgegen, Lidocain ist ein Lokalanästhetikum, welches das umgebende Gewebe betäubt, um den Schmerzkreislauf zu durchbrechen.)
Wenn es eine gute Klinik/Tierarzt ist, kommt mit Glück die Frage: „Zeigen Sie mal ihren Sattel."
Und erst wenn dann der Tierarzt bestätigt, dass mit diesem Sattel die Probleme in kurzer Zeit wieder da sein werden und dem Reiter dämmert, dass die Kosten für die dann regelmäßig notwendigen Behandlungen sich auf seinem Konto niederschlagen werden, wird mit Murren und Schmollen der Sattler gerufen und am besten noch auf „den blöden Gaul" geflucht, dem der Sattel nicht passt. Einmal ganz abgesehen davon, dass ich niemals verstehen werde, wie man einem Pferd wissentlich Schmerzen zufügen kann: Der Reiter profitiert auch nicht von solch einem Sattel. Denn: ein solcher superbequemer „Sessel" macht Sie auf keinen Fall zu einem guten Reiter. Wer in einem Sofa auf dem Pferd sitzen kann, bei dem die Beine von dicken Pauschen in Stellung gebracht und fixiert werden und jeder Schwung und Stoß bereits vom Sattel abgefedert wird, kann noch lange nicht reiten.
Ein wirklich guter Reiter kann in jedem Sattel sitzen. Deshalb: suchen Sie einen Sattel für Ihr Pferd und arbeiten Sie an Ihrem Sitz!

Zusammenfassend möchte ich zum Thema der Ausrüstung des Pferdes festhalten: Seien Sie sich bewusst, dass manche Pferde schon auf Kleinigkeiten besonders sensibel reagieren, so wie manche Menschen durch ein störendes Etikett im T-

Shirt eine Ausweichhaltung einnehmen oder von einem am Hals kratzenden Wollpullover schier in den Wahnsinn getrieben werden. Kaufen Sie die Ausrüstung für Ihr Pferd nicht nach der Anzahl der Strasssteine oder generell alleine nach der Optik. Zaumzeug, Sattel, Halfter, Decken: All das muss zuallererst dem Pferd passen und erst wenn das gewährleistet ist, können Sie Ihr Stilempfinden oder Ihr Bequemlichkeitsgefühl hinzuziehen. Verbannen Sie alles, was für Ihr Pferd unangenehm ist oder ihm gar Schmerzen zufügen kann, aus Ihrer Sattelkammer und verzichten Sie, wenn irgend möglich auf „Hilfsmittel".

Ein Pferd, welches Ihnen vertraut, Sie respektiert und anerkennt, können Sie mit einem ganz normalen, bequemen Stallhalfter, normaler Wassertrense und losem Nasenriemen ganz unaufgeregt und unaufwändig handhaben und reiten. Oder eben sogar gänzlich ohne jede Ausrüstung.

Wenn das Reiten und der Umgang mit dem Pferd mit ganz normaler, pferdefreundlicher Ausrüstung nicht möglich ist, hinterfragen Sie, ob in der grundsätzlichen Kommunikation zwischen Ihnen und Ihrem Pferd etwas nicht stimmt, anstatt auf immer schärfere und schmerzhaftere Hilfsmittel zurückzugreifen. Sie verschlechtern die Beziehung zu Ihrem Pferd, wenn Sie das tun und schaffen im Gegenzug gar nichts Positives.

Ihr Pferd sollte Ihnen zu hundert Prozent vertrauen können und Sie ihm. Um das zu gewährleisten, dürfen Sie Ihrem Pferd keine Schmerzen zufügen, auch nicht durch scharfe oder unpassende Ausrüstung.

Kapitel 7
Reitsport

Ein jeder Reiter sollte sich verpflichten:

I. Zu jeder Zeit fair zum Pferd zu sein.
II. Das Pferd artgerecht zu halten.
III. Niemals Zwang oder Gewalt anzuwenden.
IV. Das Wohl des Pferdes stets an die erste Stelle zu stellen.
V. Für die bestmögliche Gesundheit des Pferdes zu sorgen, unabhängig von finanziellem oder persönlichem Aufwand.
VI. Selbstbeherrscht und diszipliniert zu sein.
VII. Sein Pferd schonend, mit Geduld und Weitsicht auszubilden.
VIII. Konstant an den eigenen Fähigkeiten zu arbeiten.
IX. Sich Wissen über die Anatomie und das Wesen des Pferdes anzueignen
X. Anderen Reitern und Pferden mit Höflichkeit und Respekt zu begegnen.

Wenn wir uns vor Augen führen, durch welche vermeintlichen Kleinigkeiten wir ein solch starkes, kraftvolles und großes Tier wie das Pferd positiv und, noch viel schneller, negativ beeinflussen können, wie leicht wir einem Pferd durch Fehler in der Haltung, Ausrüstung, mangelndes Können, unprofessionelles Training oder Überforderung in wenigen Augenblicken ganz erheblichen Schaden zufügen können, muss jedem echten Reiter die ungeheure Verantwortung bewusst werden, die er für seinen Teamkollegen, das Pferd, trägt.

Wir als Reiter sind für die Gesundheit und das Wohlbefinden unseres Partners verantwortlich, das Pferd selbst hat keine Möglichkeit, sich zu helfen. Es liegt alleine in unserer Hand als Reiter und Pferdebesitzer für die bestmögliche Haltung, sorgfältiges, durchdachtes Training, Gesundheit und Wohlbefinden unseres Pferdes zu sorgen.

Das Pferd ist ein besonders sensibles und feines Tier und mit ihm eine Partnerschaft zu formen ist daher naturgemäß eine anspruchsvollere Aufgabe, als etwa einem Teamsport wie Fußball nachzugehen. Aber wer sich für die Reiterei entscheidet, entscheidet sich damit auch dafür, die Verantwortung für das Pferd in seinem ganzen Umfang zu übernehmen und daran darf keinerlei Zweifel bestehen:

Wer das nicht leisten kann oder möchte, ist in einer anderen Sportart/mit einem anderen Hobby besser aufgehoben.

Denn es ist doch so: Wenn jemand sich beim Tennis nicht richtig aufgewärmt hat und verletzt aus dem Match kommt, ist das seine Sache. Wenn er sich beim Kampfsport so verhauen lässt, dass er nicht mehr laufen kann auch. Wenn er sich dopt und daraufhin im Radrennen tot vom Fahrrad fällt, immer noch.

In dem Moment in dem der Schaden jedoch dem Teampartner, also in diesem Fall dem Pferd, zugefügt wird, ist es eben nicht mehr seine Sache. In dem Moment ist eine Grenze überschritten und da die Pferde sich nicht selbst verteidigen können, müssen wir es für sie tun.

Wenn sich viel mehr Menschen über bestimmte Zustände im Reitsport empören würden, hätten die Pferde eine reelle Chance auf eine Verbesserung ihrer Lebensbedingungen. Wenn Empörung herrschen würde über Bilder von offensichtlich völlig erschöpften Pferden, die über die letzten Hindernisse einer Geländestrecke getrieben werden, die dem Reiter zuliebe noch einmal alles geben, obwohl sie schon nicht mehr galoppieren können, womöglich am letzten Sprung vor Erschöpfung hängen bleiben und nicht mehr aufstehen können. (Auch wenn solche Fälle in der Vielseitigkeit immerhin geahndet werden und die Reiter wegen unfairen Verhaltens gesperrt.)

Wenn sich öffentlich empört, würde über deutlich lahme Pferde im Springsport, die sowohl auf dem Abreiteplatz als auch im Parcours keinen Schritt getrabt werden, damit nicht auffällt, wie lahm sie sind und die, selbst wenn die Lahmheit deutlich sichtbar ist, zum großen Teil nicht abgeklingelt werden.

Wenn Bilder von Pferden, denen auf Abreiteplätzen vor Dressurvierecken die Nase auf die Brust gezogen und der Nasenriemen festgezurrt wird, nicht mehr als normal angesehen würden und hierfür nicht mehr extra besonders verharmlosende Begriff geprägt werden würden - wie „Rollkur“ oder „LDR“, statt die Dinge beim Namen zu nennen.

Wenn viel mehr Menschen bewusstwürde, wie wenig artgerecht es ist, ein Pferd in reiner Boxenhaltung zu halten.

Die Pferde brauchen eine Stimme und jeder Reiter hat die Macht, seinem Pferd eine solche zu geben: In dem er Stellung bezieht zum Wohl des Pferdes.
Ich habe am Anfang dieses Buches die Vermutung geäußert, jeder Reiter würde von den ersten Eindrücken geprägt, die er vom Reitsport bekommt und wie wichtig aus diesem Grunde herausragende Vorbilder und Wissen über das Pferd sind. Glücklicherweise gibt auch heute noch viele Reiter, Trainer und Pferdemenschen, für die das Vertrauen des Pferdes als Basis jeder Reiterei gilt, die Zwang und das Zufügen von Schmerz ablehnen und die einen fairen Reitsport anstreben. Ich möchte alle diese Menschen ermutigen, ihre Ansichten immer wieder zu vertreten und ihre Erfahrungen weiterzugeben, denn so ließe sich zurückkehren zu den alten Werten und Reitkunst statt -sport. Es wäre doch wundervoll, wenn sowohl in den heimischen Reitställen als auch auf den internationalen Turnierplätzen bald Pferd und Reiter Paare überwiegen würden, welche in Abwesenheit jeglichen Zwanges gemeinsam ihr Können zeigen und jeden Zuschauer durch ihre Leichtigkeit und Harmonie in ihren Bann ziehen.

Zwanzig Jahre Pferde untersuchen und behandeln haben mir eines ganz deutlich gezeigt: Je mehr Druck und Zwang angewendet wird um ein Pferd zu einer bestimmten Leistung zu bringen, desto häufiger hat es körperliche Einschränkungen, die es an der Ausführung eben genau dieser gewünschten Aufgaben hindern. Wie jedem einleuchten wird, kann dies also schwerlich der richtige Weg sein.

Wir werden als Reiter nicht verhindern können, auf dem Rücken unserer Pferde Platz zu nehmen, aber wir können verhindern, dass der Reitport buchstäblich auf dem Rücken des Pferdes ausgetragen wird.

Ich möchte alle Reiter aufrufen, freundlich und respektvoll mit ihren Pferden umzugehen und auf jegliche Art von Zwang zu verzichten. Wer nicht versteht, um was für ein sensibles und feines Geschöpf es sich handelt, sollte nicht mit Pferden umgehen und das Herabwürdigen des Pferdes zu einem Gegenstand, mit dem sich Geld verdienen lässt, ist eine Schande für eine ehemals schöne und ehrenvolle Kunst.

Ohne das Pferd könnte niemand Reiter sein und somit sollten wir alle dazu beitragen, das Pferd wieder in den Mittelpunkt der Reiterei zu stellen - wo es hingehört.

In all seiner Feinheit, Kraft, Schönheit und Kompliziertheit.

Denn etwas anderes hat es nicht verdient.

Weitere Bücher zum Thema Pferd von Julie von Bismarck:

Zusammenhänge im Pferd

Zusammenhänge im Pferd II

Zusammenhänge im Pferd III

Mit dem Pferd statt auf dem Pferd

Reeva und die Pferde - Sommer auf Gut Balmore